ESTADO
E FORMA POLÍTICA

Alysson Leandro Mascaro

ESTADO
E FORMA POLÍTICA

Copyright © Boitempo Editorial, 2013

Coordenação editorial
Ivana Jinkings

Editores-adjuntos
Bibiana Leme e João Alexandre Peschanski

Assistência editorial
Alícia Toffani e Livia Campos

Diagramação
Acqua Estúdio Gráfico

Capa
Antonio Kehl
sobre fotografia "Populares sobre cobertura do palácio do Congresso Nacional no dia da inauguração de Brasília" (1960), de Thomaz Farkas / Acervo Instituto Moreira Salles

Produção
Livia Campos

CIP-BRASIL. CATALOGAÇÃO-NA-FONTE
SINDICATO NACIONAL DOS EDITORES DE LIVROS, RJ

M362e
Mascaro, Alysson Leandro, 1976-
    Estado e forma política / Alysson Leandro Mascaro - São Paulo, SP : Boitempo, 2013.
    ISBN 978-85-7559-324-0

    1. Ciências sociais. 2. Ciência política. 3. Jurisprudência. 4. Direito - Filosofia. I. Título.

13-2217.   CDD: 320
                                                           CDU: 32

É vedada a reprodução de qualquer parte deste livro sem a expressa autorização da editora.

1ª edição: maio de 2013;
1ª reimpressão: junho de 2013; 2ª reimpressão: novembro de 2014;
3ª reimpressão: agosto de 2016; 4ª reimpressão: outubro de 2018;
5ª reimpressão: setembro de 2019; 6ª reimpressão: setembro de 2020;
7ª reimpressão: junho de 2021; 8ª reimpressão: novembro de 2022
9ª reimpressão: agosto de 2023

BOITEMPO
Jinkings Editores Associados Ltda.
Rua Pereira Leite, 373
05442-000 São Paulo SP
Tel.: (11) 3875-7250 / 3875-7285
editor@boitempoeditorial.com.br
boitempoeditorial.com.br | blogdaboitempo.com.br
facebook.com/boitempo | twitter.com/editoraboitempo
youtube.com/tvboitempo | instagram.com/boitempo

Sumário

Introdução 9

1. Estado e forma política 15
   1.1 Reprodução capitalista e Estado
   1.2 As formas sociais
   1.3 A forma política
   1.4 A derivação da forma política estatal
   1.5 Forma política e instituições políticas
   1.6 Estado e instituições políticas
   1.7 Forma política e forma jurídica
   1.8 A autonomia do Estado

2. Estado e sociedade 51
   2.1 Estado e especificidade histórica
   2.2 Estado e luta de classes
   2.3 Fenômeno político e tecido social
   2.4 O Estado ampliado

3. Política do Estado 75
   3.1 Estado e nação
   3.2 Estado e burocracia
   3.3 Estado, cidadania e democracia

4. Pluralidade de Estados 93
   4.1 Capitalismo e sistema de Estados
   4.2 Forma política e imperialismo

5. Estado e regulação 109
    5.1 Capitalismo, Estado e regulação
    5.2 Forma política e regulação
    5.3 Estado, fordismo e pós-fordismo
    5.4 Estado e crise

Bibliografia 129

Introdução

Durante longos períodos da história, a política foi explicada por meio de balizas ideológicas diversionistas, cuja afirmação lhe servia de sustentação social. Em sociedades escravagistas e feudais, nas quais os poderes dos senhores e reis eram legitimados por conta da vontade de um Deus, as narrativas políticas tinham como limite a reiteração da crença na delegação divina de poderes ao soberano e aos dominadores. A teoria, mais que postular explicações causais, descolava-se da própria realidade, avançando por pressupostos transcendentes, corroborando a manutenção da ordem social e política dada ao reinvestir ideologicamente o próprio objeto de análise. Com tais bases teóricas legitimavam-se os aparatos políticos, ao serem tratados ou como elementos da vontade oculta de Deus ou chancelados com os mantos da "ordem", do "bem comum", da "vontade de todos".

Em poucos momentos do passado encontram-se teorias políticas próximas de uma explicação mais concreta da realidade social. As condições da vida social nas pólis gregas, ao tempo da democracia, permitiram um avanço teórico a respeito da relação entre política e sociedade, como se pôde ver com Platão e, mais ainda, com Aristóteles. O mesmo não se deu com a maioria das outras explicações do poder da Idade Antiga e da Idade Média.

Na Idade Moderna, muitas das visões a respeito do Estado e da política já buscavam se assentar em bases mais concretas, descolando-se daquelas lastreadas de pressupostos teológicos. Contudo, ainda estavam compromissadas ou com a manutenção de regimes de privilégios absolutistas, de um lado, ou, de outro, com a plena instauração de estruturas políticas burguesas. O pensamento político moderno – ainda que não mais teológico em alguns casos – era, no entanto, arraigadamente idealista no sentido de explicar a vida política com base em elementos metafísicos, fundando sua compreensão da política na noção de legitimidade racional do poder, em favor da manutenção da ordem existente ou das classes proeminentes, como no caso das teorias do contrato social.

Com a chegada da Idade Contemporânea, o entendimento político adquire suas atuais nuances. Quando a teoria política burguesa deseja exatamente o mesmo que a prática política burguesa já conseguiu e instalou, então o pensamento político já pode deixar de lado a metafísica em favor de um fechamento de horizontes de explicação. Os contornos do Estado são justamente os que se apresentam na realidade – assentados inclusive com as estacas ideológicas típicas da sua afirmação nas sociedades contemporâneas –, e a política é a atividade que em seu entorno e em si se exercita. Nos termos formalmente postos, o juspositivismo é o instrumento excelente de tal explicação conservadora: o Estado é o que juridicamente se chama por tal. Via reversa, para o juspositivismo, o direito é o que o Estado chamar por tal. Nos termos das ciências sociais e da ciência política, erigem-se então o esquadrinhamento e a quantificação do já dado. Nessa chegada ao chão da explicação analítica sem horizonte histórico e social, o Estado deve ser presumido como entidade perene, sem tomá-lo como resultante de um devir histórico nem considerá-lo enredado em estruturas sociais específicas, dinâmicas e contraditórias.

Tal visão conservadora, relativamente atualizada, anima até hoje a maioria das explicações sobre o Estado e a política. Boa parte das ciências sociais trata o objeto da política e do Estado identificando-o ao juspositivismo ou com base em ferramentas teóricas analíticas e conservadoras, que restringem os fenômenos apreendidos às suas manifestações imediatamente quantificáveis, mensuráveis ou reiteráveis. Entretanto, essas manifestações podem revelar padrões de reprodução medianos que, em certos intervalos históricos e sob determinadas condições sociais, perduram como relativamente estáveis. Mas tais padrões médios não dão conta de avançar no entendimento causal, estrutural, relacional e histórico dos fenômenos da política e do Estado, nem de seus problemas, contradições e crises.

Nas épocas atuais, arraigadas de neoliberalismo, se a teoria se regozijou com o padrão que tem perseverado de modo relativamente estável, não conseguiu a ele transcender para lhe apontar a contradição inerente. Diante da mais recente crise econômica e política do capitalismo contemporâneo, a neoliberal, os teóricos manejam, como ferramentas de análise e até como meios de solução, as mesmas medidas quantificadas e forjadas no seio das próprias instituições neoliberais. Tratar um padrão social médio, de determinado intervalo histórico, por meio de uma analítica média enredada teoricamente nele próprio é parecer virtuoso pelo seu alto estoque de informações quantitativas imanentes ao objeto de análise, mas para o trato da totalidade e das especificidades das contradições e das crises a analítica revela-se cega, insuficiente e até infantil. Na velha imagem, sair da crise tomando por padrão o fundamento teórico que conduziu à própria crise é como tomar o próprio corpo para ser içado de um buraco no qual caiu, valendo-se para tanto das forças das próprias mãos do caído ao puxarem seus cabelos. Tanto o corpo não se iça sem alavancas externas quanto o próprio Estado e a política não se estruturam nem se explicam por meio de suas autodeclaradas definições ou de seus padrões funcionais e sistêmicos médios. Para a compreensão do Estado e da política, é necessário o entendimento de sua posição relacional, estrutural, histórica, dinâmica e contraditória dentro da totalidade da reprodução social.

Em todo o século XX, teorias buscaram avançar numa compreensão do Estado e da política a partir de horizontes maiores que a sua própria empiria quantitativa ou que sua analítica institucional e jurídica. Nas pontas do século, tomem-se os pensamentos de Max Weber e Michel Foucault como exemplos. Weber, no início do século XX, deslinda teoricamente uma associação entre o fenômeno do Estado e a emergência dos padrões sociais capitalistas. Trata-se de uma sociologia crítica da sociedade, mas limitada a explicações parciais, sem alcançar a fundo a crítica das próprias estruturas do capitalismo. No final do século XX, Foucault abre espaço para a compreensão de fenômenos sociais até então pouco avaliados pela teoria política, como a constituição social da subjetividade, as práticas microfísicas ou a circulação do poder em rede, obrigando a espargir a compreensão do Estado e da política a outros tipos e formas de concretudes sociais que os tecem. Mas também Foucault, por meio de suas ferramentas teóricas, dados seus limites, está impedido de alcançar a dinâmica total da política contemporânea, cobrindo, brilhantemente é verdade, apenas um pedaço de sua geografia total.

*

O marxismo se revela como a mais alta contribuição para a compreensão do Estado e da política nas sociedades contemporâneas. Na obra de Marx já se expõe a mudança radical no modo de entender as categorias políticas e os fenômenos sociais como o Estado. E, em Marx e em muitos marxistas, para além de uma simples constatação da estrutura e do funcionamento da sociedade, a contribuição é teórica e prática. É no combate à exploração capitalista que são percebidas, concretamente, as dinâmicas e contradições extremas da estrutura política de nossos tempos. O marxismo não só entende a política por horizontes distintos daqueles tradicionais como, na verdade, reconfigura totalmente o âmbito do político e do estatal, atrelando-o à dinâmica da totalidade da reprodução social capitalista.

A compreensão marxista sobre o Estado e a política pode se delinear espraiada por alguns períodos. Confirmando-se nesse sentido a divisão inferida por Ingo Elbe, revelam-se três grandes fases teóricas do marxismo sobre o campo da política: a primeira, o marxismo tradicional, que vai do século XIX até os tempos da Revolução Soviética; a segunda, largamente identificada com o chamado marxismo ocidental, que passa pelos meados do século XX; e, finalmente, a terceira, de uma nova leitura do marxismo, que procura extrair dos fundamentos da sociabilidade capitalista a própria natureza estrutural do Estado e da política.

Essas diferentes fases dos pensamentos marxistas sobre o campo político também compreendem distintas apreensões a respeito da própria obra de Marx. Assim, o marxismo tradicional se vale daquelas referências mais diretamente políticas escritas por Marx ou, ainda, da obra política de Engels, como o *Anti-Dühring* e *A origem da família, da propriedade privada e do Estado*. O chamado marxismo ocidental, desde Lukács, aponta a uma preferência pelos textos do jovem Marx. Por sua vez, a nova leitura marxista se baseará então no Marx da maturidade, apropriando-se d'*O capital* como arcabouço para a construção de uma teoria política crítica do capitalismo.

A primeira tradição do pensamento marxista quanto ao Estado e à política despontou, no final do século XIX, com Engels. É sua leitura que se torna canônica, consolidando-se como orientação das práticas revolucionárias. Vem dessa leitura a tendência a considerar genericamente o Estado como aparato do domínio da burguesia, devendo então ser tomado pelos trabalhadores. De algum modo, Lenin é um tributário e um novo propositor dessa mesma corrente. De outro lado, por boa parte do século XX, é Gramsci que, dentre outros, despontará com uma refinada compreensão da política, englobando a totalidade da vida social, revelando o entrelaçamento entre Estado e sociedade civil. De algum modo dialogando com Gramsci ou com seu horizonte, os autores do marxismo ocidental estão ligados necessariamente às tarefas, urgências e debates em torno das revoluções socialistas e, sobretudo, das circunstâncias das reformas do próprio capitalismo, dada sua persistência em novos patamares.

A teoria política marxista terá outro salto, no que tange à compreensão do Estado, no último terço do século XX. Dentre os predecessores dessa nova leitura, rigorosa a respeito da política no capitalismo, destaca-se Pachukanis. Entre fins da década de 1960 e especialmente na década de 1970, já no seio das contradições extremas do capitalismo desenvolvido de bem-estar social e já entrevista a crise da experiência soviética, o marxismo avança para compreender o Estado a partir das próprias categorias que estruturam a sociedade capitalista. Um primeiro impulso nesse sentido adveio do entorno do pensamento de Althusser, sobretudo pelas teorias de Poulantzas, jurista de formação, que buscou aplicar ferramentas e categorias marxistas a conceitos tradicionais de Estado e de política. O resultado do pensamento de Poulantzas é uma inovadora maneira de enxergar os próprios conceitos que costumeiramente balizam a identificação do que seja o Estado e a política.

Mas, para além de Poulantzas, as últimas décadas do século XX conheceram a mais complexa e profunda reflexão sobre o Estado no debate marxista. A partir de um movimento de pensadores alemães, ingleses e franceses – que, embora possuíssem divergências internas, apresentavam muitos pontos de convergência –, foram constituídas correntes de pensamento político sobre o Estado denominadas teorias do *derivacionismo*. Nesse ponto alto das reflexões políticas críticas do final do século XX, não se trata apenas de proceder a um mergulho de categorias políticas tradicionais em águas marxistas. Mais que isso, trata-se de fazer emergir, das próprias categorias da economia política e da própria forma do capital e das relações de produção capitalistas, o entendimento das estruturas políticas que lhe são próprias. Dentre outros teóricos derivacionistas, Joachim Hirsch é o mais importante pensador a propugnar, a partir de Marx – com as ferramentas da economia política, para além das meras instituições e seu funcionamento –, a compreensão da própria forma política como derivação da forma-mercadoria que se instaura no capitalismo.

O marxismo, captando, a partir da totalidade, a vinculação necessária da forma política às formas econômicas do capitalismo, intermediada pela luta de classes, não trabalha, como as teorias políticas tradicionais, limitado a últimos resquícios de definições juspositivistas ou com os padrões de identificação meramente empíricos, quantitativos, funcionais ou autorreferenciais sobre o Estado. Abandonando toda metafísica e toda definição parcial, legitimadora e idealista do fenômeno político, o marxismo procede a uma mirada no todo das relações sociais capitalistas, realizando a derivação necessária das categorias políticas das categorias econômicas, alcançando seus encaixes estruturais e também a dinâmica política contraditória, conflituosa e eivada de crise de sua formação. Retomando as mais avançadas perspectivas da economia política de Marx, n'*O capital*, passando também pelos horizontes teóricos propostos por Pachukanis em sua compreensão do direito, os pensadores do derivacionismo reposicionam a compreensão teórica da política e do Estado nos tempos presentes. A interface de tal pensamento é rica: no plano econômico, por exemplo, o derivacionismo dialoga profundamente com algumas teorias de uma escola conhecida como *regulacionismo*.

*

O avanço na compreensão do Estado e da política, na atualidade, se faz, necessariamente, superando todas as mistificações teóricas que ainda se limitam apenas a definições jurídicas ou metafísicas como a de que o Estado é o bem comum ou legítimo. Mas também não são suficientes as teorias políticas parcialmente críticas, como as de Weber ou de Foucault, que não alcançam o Estado nas estruturas da totalidade social capitalista. Tampouco são suficientes as teorias que separam o Estado e a política do todo, procedendo a uma profunda analítica interna que não consegue vislumbrar suas causas exteriores. Nesse sentido, os fundamentos políticos liberais, as quantificações empíricas da ciência política e mesmo as teorias políticas analíticas, sistêmicas e funcionalistas, se se apegam ao estudo de concretudes políticas e seus padrões, não o fazem para buscar a fundo suas raízes históricas, estruturas e antagonismos. Tampouco leituras políticas neoinstitucionalistas dão conta de entender a dinâmica total da reprodução social e de suas contradições, na medida de um fechamento analítico que torna seu objeto de estudo asséptico e irreal.

A posição teórica e prática avançada quanto ao Estado e à política é inexoravelmente crítica da realidade presente e de suas teorias de apoio. Tal choque há de se dar na medida em que se fará pelo contrafluxo. A partir das últimas décadas do século XX, o triunfo do neoliberalismo e a baixa das lutas sociais representaram o abandono da vasta gama de teorias políticas mais críticas, mergulhadas no todo das contradições sociais, em troca de explicações da política pela própria política. Em vez de se compreender a cidadania como meio da exploração capitalista, passou-se a louvar o padrão de garantia absoluta dos capitais somado à democracia eleitoral como panaceia política salvadora da dignidade humana de nossos tempos. A troca das categorias de compreensão do capital – totalidade estruturada – pelas categorias somente políticas foi o grande retrocesso contemporâneo da teoria do Estado e da ciência política, que inclusive não permite fazer frente às necessidades e demandas da crise do capitalismo atual.

A compreensão do Estado só pode se fundar na crítica da economia política capitalista, lastreada necessariamente na totalidade social. Não na ideologia do bem comum ou da ordem nem do louvor ao dado, mas no seio das explorações, das dominações e das crises da reprodução do capital é que se vislumbra a verdade da política.

REFERÊNCIAS BIBLIOGRÁFICAS

Anderson (2004a); Caldas (2015); Carnoy (1990); Codato e Perissinoto (2011); Elbe (2010); Engels (s/d); Engels (1990); Hirsch (2010); Holloway e Picciotto (1979); Lenin (1988); Marx (2011); Marx (2013); Mascaro (2012); Naves (2008); Pachukanis (1988); Poulantzas (1971); Poulantzas (1977); Thwaites Rey (2007).

1. Estado e forma política

1.1. Reprodução capitalista e Estado

O Estado, tal qual se apresenta na atualidade, não foi uma forma de organização política vista em sociedades anteriores da história. Sua manifestação é especificamente moderna, capitalista. Em modos de produção anteriores ao capitalismo, não há uma separação estrutural entre aqueles que dominam economicamente e aqueles que dominam politicamente: de modo geral, são as mesmas classes, grupos e indivíduos – os senhores de escravos ou os senhores feudais – que controlam tanto os setores econômicos quanto os políticos de suas sociedades. Se alguém chamar por Estado o domínio antigo, estará tratando do mando político direto das classes econômicas exploradoras. No capitalismo, no entanto, abre-se a separação entre o domínio econômico e o domínio político. O burguês não é necessariamente o agente estatal. As figuras aparecem, a princípio, como distintas. Na condensação do domínio político em uma figura distinta da do burguês, no capitalismo, identifica-se especificamente os contornos do fenômeno estatal.

Nos modos de produção pré-capitalistas, o amálgama que agrupa os poderes sociais é bastante sólido, praticamente automático. Há um único vetor das vontades, com poucas contradições no seio dos blocos de domínio. O controle da vida social é direto e mais simplificado, na medida da unidade entre o econômico e o político. No capitalismo, tal relação se torna complexa. A dinâmica da reprodução social se pulveriza, e, a partir daí, em muitas ocasiões as vontades do domínio econômico e do domínio político parecem não coincidir em questões específicas. Mas isso não se trata de um capricho; o desdobrar do político como uma instância específica em face do econômico não é um acaso. Somente com o apartamento de uma instância estatal é possível a reprodução capitalista. Esta dá causa àquela.

Investigar a razão específica desse desdobramento nas sociedades capitalistas é o passo necessário para a compreensão da política contemporânea. Para tanto apontou Pachukanis, na sua célebre indagação:

> por que é que o domínio da classe não se mantém naquilo que é, a saber, a subordinação de uma parte da população a outra? Por que é que ele reveste a forma de um domínio estatal oficial ou, o que significa o mesmo, por que é que o aparelho de coação estatal não se impõe como aparelho privado da classe dominante, por que é que ele se separa desta última e reveste a forma de um aparelho de poder público impessoal, deslocado da sociedade?[1]

Ao contrário de outras formas de domínio político, o Estado é um fenômeno especificamente capitalista. Sobre as razões dessa especificidade, que separa política de economia, não se pode buscar suas respostas, a princípio, na política, mas sim no capitalismo. Nas relações de produção capitalistas se dá uma organização social que em termos históricos é muito insigne, separando os produtores diretos dos meios de produção, estabelecendo uma rede necessária de trabalho assalariado. A troca de mercadorias é a chave para desvendar essa especificidade. No capitalismo, a apreensão do produto da força de trabalho e dos bens não é mais feita a partir de uma posse bruta ou da violência física. Há uma intermediação universal das mercadorias, garantida não por cada burguês, mas por uma instância apartada de todos eles. O Estado, assim, se revela como um aparato necessário à reprodução capitalista, assegurando a troca das mercadorias e a própria exploração da força de trabalho sob forma assalariada. As instituições jurídicas que se consolidam por meio do aparato estatal – o sujeito de direito e a garantia do contrato e da autonomia da vontade, por exemplo – possibilitam a existência de mecanismos apartados dos próprios exploradores e explorados.

Devido à circulação mercantil e à posterior estruturação de toda a sociedade sobre parâmetros de troca, exsurge o Estado como terceiro em relação à dinâmica entre capital e trabalho. Este terceiro não é um adendo nem um complemento, mas parte necessária da própria reprodução capitalista. Sem ele, o domínio do capital sobre o trabalho assalariado seria domínio direto – portanto, escravidão ou servidão. A reprodução da exploração assalariada e mercantil fortalece necessariamente uma instituição política apartada dos indivíduos. Daí a dificuldade em se aperceber, à primeira vista, a conexão entre capitalismo e Estado, na medida em que, sendo um aparato terceiro em relação à exploração, o Estado não é nenhum burguês em específico nem está em sua função imediata. A sua separação em face de todas as classes e indivíduos constitui a chave da possibilidade da própria reprodução do capital: o aparato estatal é a garantia da mercadoria, da propriedade privada e dos vínculos jurídicos de exploração que jungem o capital e o trabalho.

---

[1] Evgeny Pachukanis, *Teoria geral do direito e marxismo* (São Paulo, Acadêmica, 1988), p. 95.

Nesse sentido, deve-se entender o Estado não como um aparato neutro à disposição da burguesia, para que, nele, ela exerça o poder. É preciso compreender na dinâmica das próprias relações capitalistas a razão de ser estrutural do Estado. Somente é possível a pulverização de sujeitos de direito com um aparato político, que lhes seja imediatamente estranho, garantindo e sustentando sua dinâmica. Por isso, o Estado não é um poder neutro e a princípio indiferente que foi acoplado por acaso à exploração empreendida pelos burgueses. O Estado é um derivado necessário da própria reprodução capitalista; essas relações ensejam sua constituição ou sua formação. Sendo estranho a cada burguês e a cada trabalhador explorado, individualmente tomados, é, ao mesmo tempo, elemento necessário de sua constituição e da reprodução de suas relações sociais.

O caráter terceiro do Estado em face da própria dinâmica da relação entre capital e trabalho revela a sua natureza também afirmativa. Não é apenas um aparato de repressão, mas sim de constituição social. A existência de um nível político apartado dos agentes econômicos individuais dá a possibilidade de influir na constituição de subjetividades e lhes atribuir garantias jurídicas e políticas que corroboram para a própria reprodução da circulação mercantil e produtiva. E, ao contribuir para tornar explorador e explorado sujeitos de direito, sob um único regime político e um território unificado normativamente, o Estado constitui, ainda afirmativamente, o espaço de uma comunidade, no qual se dá o amálgama de capitalistas e trabalhadores sob o signo de uma pátria ou nação. A característica tipicamente atribuída aos Estados, de repressão, como instrumento negativo, realizando a obstacularização das condutas, é definidora mas não exclusiva do aparato político moderno. A repressão, que é um momento decisivo da natureza estatal, deve ser compreendida em articulação com o espaço de afirmação que o Estado engendra no bojo da própria dinâmica de reprodução do capitalismo.

Estabelecendo-se como um *continuum* estrutural e relacional das ações capitalistas de troca mercantil e de exploração produtiva, a forma política estatal não é um elemento insólito, neutro ou meramente técnico no sentido de indiferença em face do todo social. O Estado é, na verdade, um momento de condensação de relações sociais específicas, a partir das próprias formas dessa sociabilidade. O seu aparato institucionalizado é um determinado instante e espaço dessa condensação, ainda que se possa considerá-lo o fulcro de sua identificação. Mas esse aparato só se implanta e funciona em uma relação necessária com as estruturas de valorização do capital. Nessa rede de relações na qual se condensa o Estado, é no capital que reside a chave de sua existência. Por isso, não é partindo das características do aparato estatal em si mesmo que se descobrirá a sua eventual utilização ou não pela burguesia. Pelo contrário, é pela estrutura da reprodução do capital que se entende o *locus* desse aparato político específico e relativamente alheado das classes que se chama hodiernamente Estado.

Se há uma relação direta entre capitalismo e Estado, não é o Estado, como um aparato de poder aparentemente soberano, que dá origem à dinâmica do capitalismo, mas sim o contrário. Nem se pode compreender o Estado como o centro criador do modo de produção capitalista, tampouco se pode tê-lo, *a posteriori*, como dirigente maior ou único da vontade de manutenção dos padrões de reprodução capitalista. Não há tal centro único, no sentido de que se possa identificá-lo exclusivamente. Dada a primazia das relações de produção, o Estado nesse contexto corrobora por alimentar a dinâmica de valorização do valor, como também, a seu modo, as interações sociais dos capitalistas e dos trabalhadores, tudo isso num processo contraditório. As classes burguesas, cujas frações são variadas, podem até mesmo contrastar em interesses imediatos. As lutas dos trabalhadores, engolfadas pela lógica da mercadoria, ao pleitearem aumentos salariais, chancelam a própria reprodução contínua do capitalismo. O Estado, majorando impostos ou mesmo ao conceder aumento de direitos sociais, mantém a lógica do valor. Se os dirigentes do Estado têm ou não tal ação como política deliberada de sustentação de um sistema, não é isso, no entanto, que mantém exclusivamente o capitalismo em funcionamento. É um processo global e estruturado que alimenta sua própria reprodução. Claro está que, dentro dessa dinâmica, o papel da política, das classes burguesas e das classes trabalhadoras é bastante relevante, na medida das possibilidades de legitimação, consolidação, resistência ou confronto em face da própria reprodução do capital. Por isso, a compreensão da luta de classes é também fundamental para dar conta das diversas relações havidas no seio das sociedades capitalistas. A luta de classes revela a situação específica da política e da economia dentro da estrutura do capitalismo. Mas, para além da luta de classes, as formas sociais do capitalismo, lastreadas no valor e na mercadoria, revelam a natureza da forma política estatal. Na *forma* reside o núcleo da existência do Estado no capitalismo.

1.2. As formas sociais

Com o desenvolvimento das relações capitalistas, é possível compreender um vínculo necessário entre o processo do valor de troca e determinadas formas que lhe são necessariamente correlatas, tanto no nível social quanto no político e no jurídico. As interações entre os indivíduos não mais se estabelecem por meio de junções imediatas aleatórias ou mandos diretos ocasionais ou desconexos, mas por intermédio de formas sociais que possibilitam a própria estipulação e inteligibilidade das relações e que permitem a reiteração dos vínculos assumidos. A reprodução social não se constitui apenas de atos isolados ou meramente dependentes da vontade ou da consciência dos indivíduos. Para utilizar uma expressão de Marx, pelas costas dos indivíduos passa uma série de constructos sociais. A apropriação do capital, a venda da força de trabalho, o dinheiro, a mercadoria, o valor são formas constituídas pelas interações sociais dos indivíduos, mas são maiores que seus atos isolados ou sua vontade ou consciência. Formas sociais são modos relacionais constituintes das interações sociais, objetificando-as. Trata-se de um processo de mútua imbricação: as formas sociais advêm das relações sociais, mas acabam por ser suas balizas necessárias.

A reprodução do capitalismo se estrutura por meio de formas sociais necessárias e específicas, que constituem o núcleo de sua própria sociabilidade. As sociedades de acumulação do capital, com antagonismo entre capital e trabalho, giram em torno de formas sociais como valor, mercadoria e subjetividade jurídica. Tudo e todos valem num processo de trocas, tornando-se, pois, mercadorias e, para tanto, jungindo-se por meio de vínculos contratuais. Dessa maneira, o contrato se impõe como liame entre os que trocam mercadorias – e, dentre elas, a força de trabalho. Mas, para que o vínculo seja contratual, e não simplesmente de imposição de força bruta nem de mando unilateral, é também preciso que formas específicas nos campos político e jurídico o constituam. Para que possam contratar, os indivíduos são tomados, juridicamente, como sujeitos de direito. Ao mesmo tempo, uma esfera política a princípio estranha aos próprios sujeitos, com efetividade e aparatos concretos, assegura o reconhecimento da qualidade jurídica desses sujeitos e garante o cumprimento dos vínculos, do capital e dos direitos subjetivos. No processo de reprodução social capitalista, com as trocas levantam-se então também uma forma jurídica e uma forma política estatal, específicas historicamente e suas correspondentes necessárias.

Para descobrir-se o fulcro das estruturas do capitalismo, o entendimento de suas formas sociais é fundamental. Se se assemelhar forma à fôrma que pode ser preenchida por conteúdos variados, a transposição de tal perspectiva ao plano social dirá respeito aos moldes que constituem e configuram sujeitos, atos e suas relações. As interações entre indivíduos, grupos e classes não se fazem de modo ocasional ou desqualificado. Por exemplo, a forma-família estatui posições, papéis, poderes, hierarquias e expectativas. Entre pais e filhos e marido e mulher operam mecanismos formais que constituem uma base estrutural e inconsciente de suas posteriores relações voluntárias ou conscientes. Também como exemplo, a forma-trabalho, no capitalismo, já parte da pressuposição de que a força de trabalho pode ser trocada por dinheiro, mediante o artifício do acordo de vontades que submete o trabalhador ao capitalista. A subjetividade portadora de vontade, portanto, é uma forma necessária pressuposta de tal interação. A forma social permite, enseja e a si junge as relações sociais.

O processo de constituição das formas, no entanto, é necessariamente social, histórico e relacional. É por meio de interações sociais que elas mesmas se formalizam. São as trocas concretas que ensejam a sua consolidação em formas sociais correspondentes. Com isso, quer-se dizer que as formas sociais não são preexistentes a quaisquer relações, como se fossem categorias do pensamento. Os mecanismos sociais que operam às costas da consciência dos indivíduos são também resultantes de relações concretas dos próprios indivíduos, grupos e classes. As formas são imanentes às relações sociais. E às diferentes interações sociais correspondem também formas sociais específicas, mutáveis historicamente. No capitalismo, é a generalização das trocas que constitui uma forma econômica correspondente, a forma-mercadoria. Tal forma, posteriormente, configura a totalidade das relações sociais – o dinheiro, a mensuração do trabalho, a propriedade e o mais-valor, o sujeito de direito e a própria política. Se a forma-mercadoria é constituinte da realidade capitalista, ela é constituída pelas interações sociais que estão na base dessa mesma realidade.

Assim, a forma não é uma ferramenta que constitui o mundo a partir de uma operação mental. Não advém de causas externas à sociabilidade. Pelo contrário, é da materialidade dessa mesma sociabilidade que se consolida. A forma não é um *a priori* da razão. É verdade que ela chega ao pensamento, generalizando um tipo de raciocínio e valoração de indivíduos, grupos e classes. Numa sociedade capitalista, a identidade de tudo com tudo é mercantil, e poder-se-ia dizer então, no limite, que a própria noção lógica e mental de identidade remonta a alguma espécie de intercâmbio de objetos e pessoas como mercadorias. A própria operação de reciprocidade de objetos distintos se faz ou se completa, como pensamento, a partir da constituição de relações sociais como a do dinheiro.

Como exponenciação de interações materiais concretas, a noção de forma social sempre advém de relações específicas historicamente. A forma não é um constructo eterno ou atemporal. Pelo contrário, representa uma objetivação de determinadas operações, mensurações, talhes e valores dentro das estruturas históricas do todo social. Portanto, em sociedades capitalistas, pela forma-valor referenciam-se os atos econômicos e a constituição dos próprios sujeitos de direito, que assim o são porque, justamente, portam valor e o fazem circular. A forma social não é uma fôrma inflexível e imutável, na medida em que se faz e é refeita numa rede de relações sociais.

As interações sociais capitalistas forjam formas que são específicas e necessárias às suas estruturas, distintas de todas as demais até então havidas. A relação de troca entre sujeitos de direito se estabelece como circuito pleno nas sociedades totalmente regidas pela mercadoria. As coisas tornam-se, na plenitude dessa sociabilidade, bens passíveis de troca. Se sociedades do passado possuíam circuitos parciais de troca, que não estruturavam o todo social, o capitalismo estabelece uma vinculação necessária de todas as relações sociais à troca. Em especial, o trabalho passa a ser assalariado, isto é, estruturado a partir de seu valor como mercadoria. Quando as relações de produção assumem tal forma mercantil, então o circuito das trocas erige-se como forma social específica e plena, a *forma-valor*.

Nas sociedades capitalistas, todas as coisas se tornam bens passíveis de troca. Nesse tipo de interação plena, tanto a circulação quanto a produção de mercadorias se instituem por meio de formas sociais necessárias, como o valor e o dinheiro.

No capitalismo, estabelece-se a separação dos produtores diretos em face dos meios de produção. A produção passa a ser empreendida no regaço de uma esfera privada. Mas se os produtores das mercadorias parecem a princípio agentes privados e suficientes, cuja produção independe de terceiros, a mercadoria, no entanto, assim só se constitui porque é trocada. De tal modo, também o trabalho que está na base da produção das mercadorias é conectado a um circuito de trocas. Tais intercâmbios de mercadorias estabelecem uma igualdade entre coisas distintas. Trata-se da equivalência. Se os trabalhos que produzem as mercadorias distintas terminam por se equivaler na troca, eles se apresentam, então, como trabalho abstrato, que se generaliza e impessoaliza por conta da sua condição de mercadoria trocada por dinheiro. Assim, nesse circuito generalizado, não se especula sobre a qualidade intrínseca de cada trabalhador, de cada trabalho ou de cada coisa produzida ou trocada. Em vez de valerem por si, valem na troca. Trabalho e mercadoria se constituem sob o dístico de uma forma-valor.

Tal forma-valor só pode se dar nas sociedades capitalistas, porque somente nelas o trabalho se torna abstrato, generalizando-se como mercadoria. Todas as coisas que se trocam no mercado, variadas e distintas, só têm por ponto de igualdade genérica um dado: o valor, que assume a forma de valor de troca, e que permeia o trabalho abstrato. Dessa generalização e abstração do trabalho estabelecem-se os parâmetros da forma-valor. O valor não é uma qualidade que resulte intrínseca à mercadoria, porque somente se estabelece na equivalência de todas as mercadorias entre si, o que só é possível com a genérica valoração do trabalho. O valor só pode surgir em termos de uma relação entre mercadorias, de tal sorte que sua forma se apresenta, então, sempre de modo relacional. Como as trocas são um circuito geral, as mercadorias trocam-se todas por todas, assumindo a forma de uma equivalência universal. O dinheiro se constitui, a partir daí, como elemento central de tal equiparação. As mercadorias assumem forma de um valor de troca universal, referenciado em dinheiro. Nesse processo todo, do trabalho abstrato ao dinheiro, a mercadoria se talha na fôrma do valor, valor de troca.

Para que o dinheiro assuma a universalidade de equivalência nas generalizações, é preciso que se constitua um espaço de garantia de tal universalidade para além dos específicos produtores e possuidores de mercadorias. Tal espaço, maior que a unidade da mercadoria, a princípio externo aos seus agentes econômicos, mas justamente o garante necessário dessa reprodução social, é o Estado. Somente quando as classes economicamente dominantes não tomam diretamente nas mãos o poder político é que se torna possível a própria sociabilidade do capital. A coerção física em mãos alheias à burguesia permite a própria valorização do valor, nos termos capitalistas. Além disso, a conformação da apropriação do capital e da mercadoria e a asseguração dos vínculos nas trocas só se realizam mediante o investimento de juridicidade às subjetividades. Assim, as formas valor, capital e mercadoria transbordam, necessariamente, em forma política estatal e forma jurídica.

No capitalismo, a relação entre as múltiplas formas sociais é dinâmica, sustentada pelas interações sociais, demandando uma grande implicação recíproca. Na reprodução social, as formas sociais se apoiam e se coadunam. No entanto, no bojo dessa pluralidade, não há uma espécie de implicação lógica entre si nas próprias formas sociais. Por exemplo, a forma política estatal é fundamental à reprodução da sociabilidade do capitalismo, mas, ao se assentar como forma de um poder separado dos próprios agentes econômicos, ela pode até mesmo, eventualmente, ser disfuncional e contrária aos interesses da valorização do valor. Atravessado pelas pressões e pelos conflitos sociais de modo específico, o Estado pode se revelar um opositor de determinadas relações econômicas do capital. Entre a forma-valor e a forma política estatal não há uma decorrência de desdobramento lógico necessário nem de total acoplamento funcional. A separação entre o político e o econômico permite a valorização do valor, forjando suas formas, mas isso se dá num processo que contém, intrinsecamente, a contradição, justamente por conta da própria separação e do apoderamento dividido.

Não há, pois, uma derivação funcional nem lógica entre as formas sociais, dado que elas se apresentam num arranjo dinâmico das relações sociais. O capitalismo não tem um núcleo de inteligibilidade funcional ou lógico que possa presumir um sujeito coletivo dirigente talhando a ereção das formas sociais. Tanto entre si as formas sociais não têm uma intersecção perfeita e estável quanto também não são elementos controláveis e visíveis aos olhos das classes, grupos e indivíduos. As formas sociais se dão às costas dos indivíduos. A coerção que elas exercem nas relações sociais não se dá por conta de sua anunciação, de sua declaração ou de sua aceitação, mas sim mediante mecanismos fetichizados que são basilares e configuram as próprias interações. O valor, o capital, a mercadoria, o poder político e a subjetividade jurídica se apresentam como mundo já dado aos indivíduos, grupos e classes, e suas formas não são dependentes da vontade ou da total consciência dos indivíduos. As práticas materiais, pelo contrário, operam a partir delas por meio da inconsciência de seus agentes. É justamente por isso que as formas jungem uma coerção para além dos interesses imediatos e individuais. Elas corroboram diretamente para talhar as possibilidades de interação social.

Guardadas as contradições necessariamente advindas do modo de sociabilidade capitalista – que é exploratório e antagônico entre classes –, as formas sociais consolidam, cristalizam e determinam práticas, deliberações e expectativas, permitindo o fluxo contínuo das relações sociais. Nesse processo, elas não são criações nem moldes que passem pela aceitação dos indivíduos, mas operam no nível da constituição das próprias individualidades. Embora plantadas num processo que é ao mesmo tempo de engate e de engaste, trazendo entre si e dentro de si a marca da contradição e do conflito, ainda assim, e justamente assim, as formas sociais capitalistas ensejam a estruturação da própria reprodução social.

1.3. A forma política

A forma-valor somente se estabelece plenamente quando ao mesmo tempo se apresenta, enreda-se, enlaça-se e se reflete em várias outras formas sociais correlatas. Nesse conjunto, a forma jurídica – que constitui os sujeitos de direito, afastando as velhas relações sociais que jungiam uns aos outros pelo arbítrio, pela força ou pelo acaso – é uma de suas engrenagens necessárias. Além dela, a forma política estatal é também sua correlata inexorável, constituindo um tipo específico de aparato social terceiro e necessário em face da própria relação de circulação e de reprodução econômica capitalista. Tal forma política, terceira e específica, é um ponto nodal das relações sociais capitalistas. No passado, com a interferência da vontade direta do dominante econômico na sorte política ou na sua interação com os trabalhadores ou demais contratantes, os vínculos estabelecidos na reprodução social eram do campo da servidão, da escravidão ou da mera ocasionalidade ou parcialidade do circuito de trocas. Os vínculos capitalistas, no entanto, são assegurados por meio do surgimento e da constância de um aparato político determinante e a princípio estranho aos contratantes. Mas não qualquer aparato. Não é o destacamento de capitalistas virtuosos, de líderes dos trabalhadores, de igrejas ou de sábios que constitui tal corpo estranho aos indivíduos em troca mercantil. O tipo específico de aparato da forma política é aquele que se instaura como Estado, numa unidade de poder alheia ao domínio econômico do capital e do trabalho, funcionando como garante político necessário no seio da reprodução econômica capitalista.

Claro está que não é apenas a existência de um aparato terceiro que identifica a forma política do capitalismo – apenas na qualidade de terceiro à relação econômica, até a Igreja poderia ser esse aparato. O corpo específico da forma política capitalista se revela na sua inexorável referência à forma-valor e à constituição da rede da mercadoria e de seus agentes, na sua imposição prática. Seu acoplamento necessário à reprodução do capital e seu uso como molde constituinte das relações sociais revelam a ereção de sua forma. Senhores do passado até poderiam constituir corpos políticos delegados para determinadas empreitadas, instalando, assim, um aparato terceiro ao próprio mandante. Mas sua imposição não permeia todas as relações sociais do escravismo ou do feudalismo e, naquelas em que se afirma, assim o fará por exceção ou graça do próprio poder. Se esses corpos políticos delegados ou semidestacados do poder imediato até podem eventualmente ser nomeados por Estado, a forma política estatal, então, não se confunde com um aparato que se possa chamar por tal. Não é o nome de Estado que vem identificar o fenômeno estatal, tal como ele se apresenta nas relações sociais capitalistas. Por si só, não são também os atos do Estado que o constituem como tal, tampouco o mero uso de aparatos políticos de modo relativamente distanciado dos exploradores e explorados. A forma política estatal surgirá quando o tecido social, necessariamente, institua e seja instituído, reproduza e seja reproduzido, compreenda-se e seja compreendido, a partir dos termos da forma-mercadoria e também da forma jurídica – sujeito de direito –, vinculando-se então, inexoravelmente, ao plexo de relações sociais que se incumba de sua objetivação em termos políticos. É a reprodução de um conjunto específico de relações externas à própria forma estatal que lhe dá tal condição. Mais que o aparato terceiro tomado em si mesmo, há no Estado uma forma política que é constituída e constitui necessariamente o tecido das relações sociais de reprodução do capital.

Quando as trocas se generalizam e até mesmo o trabalho passa a ser objeto de troca – trabalho assalariado –, os indivíduos, perante o mercado, apagam suas características de classe, de cultura e de condição econômica, reduzindo-se a peças formalmente iguais trocadas livremente – com o dispositivo da autonomia da vontade, tornam-se sujeitos de direito. A forma-valor, que permeia as relações de circulação e produção, está até então derivada em forma jurídica. Mas a forma-valor só pode existir quando também se derivar em forma política estatal. No capitalismo, os aparatos que garantem o vínculo contratual e que jungem contratante e contratado são distintos formalmente de ambas as partes. O contrato exprime a forma-valor e o valor é referenciado em coisas, bens, dinheiro, propriedade privada. O aparato político, terceiro a todos os possuidores e trabalhadores, garante, além dos vínculos de troca e alguns de seus termos, a própria apropriação formal do valor pelo sujeito, ou seja, a propriedade privada.

Assim, é o mesmo circuito das relações sociais de produção aquele que enseja a forma-valor, a forma jurídica e a forma política estatal. Historicamente, apresentam-se todos em conjunto, ainda que o processo de sua conformação não seja totalmente linear. Mesmo que não necessariamente com igual plenitude de desenvolvimento institucional, as formas política estatal e jurídica advêm do cerne da vida social concreta que é a forma-mercadoria, resultado de interações reais de fundo. Contudo, embora haja uma profunda similitude das formas, isto não as faz fundantes das estruturas do capitalismo do mesmo modo. É porque há forma-mercadoria que há formas políticas estatais e formas jurídicas imediatamente correlatas, mas o motor da práxis se encontra no processo de interação social produtiva, que, no caso do capitalismo, desdobra-se também *incontinenti* nos planos político e jurídico.

Apresentando-se sempre de modo conjunto, não se pode considerar que a forma-valor capitalista e a forma política estatal sejam historicamente parelhas apenas por uma coincidência. É no mesmo processo de relação real de produção que ambas se instauram, de modo conjunto e necessário. Por tal razão, também não se pode considerar que o nível das relações econômicas capitalistas possa se assentar sozinho ou autônomo, sem se fazer apresentar acompanhado do momento político que lhe é consequente. Na totalidade social, o primado do econômico não se faz à custa do político, mas, pelo contrário, é realizado em conjunto, constituindo uma unidade na multiplicidade. Tampouco essa totalidade é de vetores causais aleatórios, como se o político gerasse o econômico ou vice-versa. Trata-se de uma totalidade estruturada. Mas, justamente porque totalidade, não se pode entender tal aparição da forma política moderna, conjuntamente ao estabelecimento dos circuitos plenos da troca mercantil e da produção capitalista, apenas como um reducionismo do político ao econômico. O político se apresenta anelado ao econômico, guardando, nesta específica união de tipo capitalista, justamente sua unidade. O emparelhamento estrutural de tais formas – econômica capitalista, política estatal e jurídica – é, além da demonstração de sua totalidade, também a afirmação conjugada dos seus campos específicos e necessários de objetivação de relações sociais. A imagem didática que se faz a partir da leitura de Marx – de que um nível jurídico e político se levanta a partir do nível econômico – nesse sentido é prejudicial ao entendimento, se se tomar o político-jurídico como um acaso ou acessório do econômico. Na verdade, o político e o jurídico se estabelecem no mesmo todo das relações de produção, ainda que num entrelaçamento dialético de primazia das últimas em face das primeiras no que tange ao processo de constituição da sociabilidade.

Pode-se reconhecer o núcleo da forma estatal num aparato de poder político separado dos indivíduos, grupos e classes. De fato, é nesse aparato que reside o imediato da identificação do Estado. No entanto, a forma política estatal só pode ser compreendida de modo relacional. Além da sua internalidade – as características e as configurações próprias de um poder político impessoal e apartado do poder econômico da sociedade –, a forma política necessita, para sua identificação, de uma externalidade: somente em relações sociais de tipo capitalista, permeadas pela forma-mercadoria e pelo antagonismo de classes entre o capital e o trabalho assalariado, tal aparato político adquire a forma social que o constitui.

A forma política estatal deve ser buscada no seu interior e em suas instituições próprias, para o reconhecimento de sua manifestação imediata, mas só pode ser identificada estruturalmente mediante a sua posição no conjunto da reprodução das relações sociais capitalistas. É justamente tal elemento externo a si que lhe dá identidade. Sociedades do passado houve com algum grau de separação do poder político do poder econômico. No entanto, somente as relações sociais capitalistas constituem formas sociais como a forma-valor, a forma-mercadoria, a forma-sujeito de direito. É apenas entrelaçada estruturalmente nesse conjunto que a forma política estatal se revela. Seus atributos internos podem lhe dar a dimensão de suas variantes, mas sua posição no contexto geral das relações sociais dá-lhe causa, identidade e existência.

A forma política estatal se identifica numa consolidação relacional. Suas instituições podem ser consideradas momentos ou regiões dessa tessitura relacional. A especificidade do poder político, no capitalismo, mais do que ser originada pelas instituições políticas, passa por elas.

1.4. A derivação da forma política estatal

Há um processo de estreita ligação entre as formas da economia capitalista e a forma política estatal. O estabelecimento dessas formas é um processo de fluxo contínuo e necessário. No entanto, a relação entre economia e política, na história do capitalismo, não pode ser entendida como uma derivação lógica das suas instituições correspondentes. Tanto as relações mercantis quanto as produtivas capitalistas surgem e se estabelecem historicamente num complexo emaranhado de relações sociais antagônicas, cujo desenvolvimento não é contínuo nem isento de contramarchas e contradições. O Estado e suas instituições políticas, se em muitos momentos — e mesmo em situações decisivas — representaram, simetricamente, divisas fundamentais ao estabelecimento das relações econômicas capitalistas, em outros momentos foram seus freios ou mesmos seus opositores. A correspondência que se há de buscar entre economia capitalista e Estado não é a de um aparecimento repentino de ambos no tempo histórico nem de um estabelecimento lógico-funcional que faria com que a existência de um conjunto de relações sociais presidisse obviamente a constituição de outro, pois o seu surgimento é um processo longo, harmônico em muitas ocasiões e conflituoso em muitas outras. A correspondência existente, mais do que em eventos históricos ou sintonia entre suas instituições, é estrutural, entre forma econômica capitalista — valor, mercadoria — e forma política — terceiro necessário em relação aos agentes econômicos. São relações sociais concretas, variadas e desprovidas de qualquer intenção funcional ou de imperiosidade lógica, que, historicamente, estabelecem formas sociais parelhas que dão ensejo às formações sociais do capitalismo.

Na constituição da forma econômica e da forma política — e no entrelaçamento de ambas —, permeia necessariamente a luta de classes. De tal sorte, não se dá no plano lógico a derivação da política em face da economia no capitalismo. Tal derivação é material e estrutural, insculpida em dinâmicas sociais profundamente contraditórias porque assentadas em classes, grupos sociais e indivíduos em oposição e concorrência. O estabelecimento econômico e político das formas capitalistas é necessariamente conflituoso, contraditório, desarmônico e eivado de crises porque fundado em explorações e domínios de classes e grupos. É a luta de classes que corporifica e constantemente tensiona e altera suas formas sociais correspondentes. Portanto, só é possível compreender a materialização da forma política por meio dos variáveis e distintos movimentos das lutas de classes.

A causa da derivação do político a partir do econômico é material, concreta, relacional. Trata-se de um encontro histórico de relações, explorações, dominações, demandas, expectativas, instituições, poderes, costumes, valores e ideologias. Em tal processo de encontro, não se pode presumir uma inteligência geral do capitalismo presidindo seu fluxo e seu estabelecimento. A forma política estatal surge, historicamente, de uma miríade de contradições, conflitos, arranjos e lutas, na medida em que o capitalismo é um modo de produção social de exploração, substituindo também a outras formações sociais e modos de produção exploratórios, como o feudal. Tampouco o estabelecimento da forma política estatal pode ser presumido como a melhor ou mais funcional construção de instituições ao capitalismo. Justamente por conta desse processo de encontro, o Estado capitalista se assenta em uma geografia institucional e de poder debitada à multiplicidade de suas circunstâncias e bases constituintes. É certo que, em tal dinâmica, o econômico determina, em última instância, o desenvolvimento social geral. Há um motor da constrição das formas que se dá pela dinâmica do capital. No entanto, tal sistematicidade que forja e acopla as formas sociais do capitalismo é construída num processo não necessariamente funcional ou lógico. A contradição perpassa a história da derivação da forma política estatal a partir das formas da sociabilidade econômica capitalista.

O surgimento das formas econômicas e políticas do capitalismo também não se fez por uma criação original ou por uma aparição repentina de suas estruturas e instituições. Sua constituição, mesmo que instaurando aparatos novos e específicos, fundou-se em embriões históricos. Da mesma maneira que o circuito universal de trocas do capitalismo, ao transformar plenamente as condições econômicas existentes, o fazia num solo que contava até mesmo com circuitos parciais de troca existentes tanto no feudalismo quanto no escravismo, também o estabelecimento da forma política estatal valeu-se de aparatos políticos já existentes ou embrionários. Corpos militares e de funcionários administrativos e fiscais do feudalismo em dissolução servem de base para o estabelecimento do aparato estatal. Um velho saber dos juristas, estranho aos próprios senhores feudais e aos servos, também se apresentou como elemento terceiro à relação entre burgueses e trabalhadores assalariados, dando-lhe talhe. Ritos, procedimentos, simbologias, mistificações e louvores do poder estatal derivam daqueles já assentados historicamente em relação a monarcas, líderes religiosos e senhores feudais.

No entanto, as instituições políticas já existentes, que dão base à forma política estatal, não engendram essa passagem por um processo de clivagem interna. Sua dinâmica não é uma mudança devida exclusivamente a fatores endógenos às formas políticas. Também não se dá uma relação de mera continuidade, nem de mero aumento quantitativo, entre as bases políticas anteriores e as instituições políticas do capitalismo. Há uma transformação qualitativa em tais relações sociais. Se antes as determinações políticas são funções dependentes do arbítrio, da vontade ou da mera tradição, no capitalismo, diferentemente, passam a ser forma separada e instituidora das demais relações sociais. Se o Estado e o direito, como diria Carl Schmitt, derivam da secularização da religião, isso não se dá de maneira direta nem como simples troca de guarda do poder. A tessitura política do capitalismo se dá com específicas relações, que podem herdar a lembrança da mitologia, da nomenclatura da ritualística, do posicionamento hierárquico e da simbologia religiosa, mas lhe são distintas na produção do agir social real. Se as formas políticas do capitalismo surgem com o aproveitamento de embriões já dados, elas o fazem num processo de transformação e de especificidade de acoplamentos sociais, e não simplesmente de majoração dessa base.

Quando se desejam encontrar, no passado pré-capitalista, aparatos ou instituições políticas cujas nomenclaturas em muito se assemelham às modernas, isso não quer dizer que a forma política estatal atravesse olimpicamente os modos de produção sendo a mesma, mas sim que possui vestígios históricos que, ao seu tempo, mesmo que tenham indícios de similitude, não podem lograr constituir a mesma consolidação por estranhamento relacional às estruturas econômicas e sociais específicas dessas formações sociais distintas. A forma política estatal somente existe e se afirma plenamente com o capitalismo, da mesma maneira que a forma-valor, embora encontre circuitos de trocas de mercadoria por todo o passado, só adquirirá seus fundamentos causais e seus contornos definitivos no modo de produção capitalista.

1.5. Forma política e instituições políticas

A forma política capitalista, estatal, está intimamente ligada à própria forma-valor, em cujo processo de reprodução toma parte encadeando-se como um ente terceiro garante do seu estabelecimento e contínua consecução, apartado do interesse imediato dos portadores de mercadoria em transação. Tal forma política necessária do capitalismo, espelho da forma mercantil, ao se constituir, materializa-se em organismos estatais e também em um vasto conjunto de instituições sociais, consolidando-se em aparatos que lhe são específicos e próprios. Em tal configuração institucional, formam-se entes identificáveis concretamente no tecido social, com relativa autonomia em face desse mesmo todo.

A materialização da forma política se dá em instituições políticas. Por exemplo, ao se dizer que o Estado concentra o monopólio da violência, depreende-se, então, a existência de órgãos de forças armadas. A forma política estatal capitalista, em sua constituição social, apresenta-se numa rede de relações que instaura e porta um aparato militar, que concentra a repressão. A necessidade de se dar aos julgamentos uma maior previsibilidade aparta o poder de julgar dos demais poderes estatais – as instituições do próprio Estado, assim, se apresentam como poderes múltiplos e divididos. O dinheiro, ao assumir um papel específico de troca universal nas sociedades capitalistas, depende de certas institucionalizações do Estado para sua garantia – exclusividade na emissão da moeda, conversibilidade, controle da inflação etc. A forma-dinheiro, portanto, está também atrelada a uma necessária forma política estatal. Além disso, essa mesma forma-dinheiro ainda demanda que o Estado seja concretizado em órgãos governamentais, como ministérios da fazenda, e em órgãos administrativos, como os bancos centrais.

Se a política, no capitalismo, se estabelece a partir de uma forma específica, estatal, como elemento necessário para a completude da própria reprodução do capital, ela ao mesmo tempo se materializa e se reveste de instituições políticas concretas. No entanto, embora havendo entre si alta correspondência, a forma política e as instituições políticas não são a mesma coisa. Como aponta Joachim Hirsch em seus estudos, a forma política não se confunde com as instituições que a materializam. É verdade que muitas instituições próprias do Estado capitalista não têm paralelo em outros momentos da história. Mas a forma política estatal não se caracteriza a partir de tais instituições, tomadas em sua internalidade, mas sim em sua externalidade, a partir de determinadas formas de relações sociais, cujas categorias são mais fundantes da totalidade social, como a forma-valor. O Estado não surge porque suas instituições o impõem como tal, para então, depois, ser capturado em benefício do interesse do capitalismo. O movimento é distinto. As relações mercantis e de produção capitalistas geram uma forma política necessariamente apartada dos portadores de mercadoria, forma que seja terceira, "pública", assegurando as condições de reprodução do valor. Tal forma política é que cria, aproveita, afasta, reforma, transforma ou reconfigura instituições sociais, muitas já existentes e outras novas, aglutinando-as à forma necessária de reprodução da vida social que vai se instalando.

Não é porque determinado instituto político já tenha existido antes do capitalismo que ele seja o embrião causal do Estado. A forma estatal nasce da produção capitalista, da exploração do trabalho assalariado, da conversão de todas as coisas e pessoas em mercadorias. Os institutos sociais e políticos do capitalismo são criados ou transmudados num processo de convergência à forma. É possível que se vejam vestígios históricos dos atuais corpos de magistrados e promotores de justiça em antigos inquisidores da Igreja. É possível até mesmo que os ritos, as nomenclaturas, as vestimentas, os locais e as práticas simbólicas dos administradores do Poder Judiciário moderno sejam transplantados de instituições de julgamento religiosas medievais. Mas a forma moderna de tais instituições se constitui a partir de específicas modalidades de reprodução social, que se valem dos ritos e das nomenclaturas para objetividades de prática social próprias e específicas. Não é porque os romanos chamaram a uma instituição política sua por Senado que a moderna instituição do Senado nos Poderes Legislativos seja, material, estrutural e funcionalmente, igual à do passado. As instituições são reconfiguradas pelas formas sociais, num entrelaçamento estrutural.

De tal sorte, se é verdade que a forma política estatal sempre se reveste de instituições que lhe são próprias e específicas, não é por tais instituições que se explica a forma, embora elas lhe clarifiquem a situação, a posição concreta e a função em uma dada totalidade social. Mais do que a função das instituições ou sua operação interna e seus mecanismos apenas imediatos, é a forma política que explicará a posição material e estrutural das instituições.

Mesmo os institutos e atributos mais consagrados que identificam a forma política estatal só podem tomar corpo e ser entendidos a partir de tal complexo relacional da reprodução capitalista. Não são sua história interna ou suas características próprias que lhe dão base. Por exemplo, a soberania, que é reconhecida tradicionalmente como um dos critérios privilegiados de identidade dos Estados, pode ser apenas um protocolo jurídico de reconhecimento de uma autonomia política por outros Estados, carecendo profundamente de fundamentos econômicos ou militares que lhe assegurem a plenitude da atribuição. Não é por meio de tais atributos, isolados, que a forma política estatal se planta socialmente e se reconhece.

Não há, pois, nas categorias tradicionais que identificam o Estado e suas instituições, o que, apenas por si, possa revelar o núcleo da forma política estatal. Tal núcleo é relacional, sempre em face da externalidade constituinte da própria forma, que é a reprodução social capitalista. É por conta das formas sociais do capitalismo que a forma política se erige, possibilitando, a partir daí, a inteligibilidade de seus atributos internos e a congruência de suas instituições.

No estabelecimento da forma política do capitalismo, estatal, sua dinâmica se faz permeada e revestida de instituições, mas esse processo não se dá como derivação lógica, e sim como derivação factual. A relação entre forma política e instituições políticas é contraditória, conflituosa, instável e muitas vezes até mesmo oposta. Se as instituições políticas são uma consequência necessária na produção da forma estatal, não são erigidas e talhadas por um poder olímpico, a partir de uma pretensa medida exata "ideal" de reprodução do capitalismo. Determinadas instituições políticas podem surgir de modo contrário ao processo de valorização do valor ou mesmo de modo oposto ao interesse de algumas classes dominantes. Em se tratando de instâncias de uma forma terceira às dinâmicas das classes, sua relação com estas pode ser harmônica ou, muitas vezes, conflituosa. As disputas políticas no seio das facções burguesas são exemplos de altercações políticas que podem ou não ser bem recepcionadas ou readministradas pelas instituições estatais em benefício da própria reprodução do capital.

Se a relação entre forma política estatal e instituições políticas estatais não é lógica, mas factual, é porque ela é atravessada, necessariamente, pela luta de classes, grupos e indivíduos. Por isso se explicam instituições políticas distintas em Estados que são, de modo geral, capitalistas, mas que se encontram em dinâmicas próprias de interação social. Poder-se-á argumentar que a forma é a mesma no seio das sociedades da valorização do valor e dos portadores de mercadoria porque a cadeia das relações sociais opera de modo contingente em seus fundamentos últimos, mas suas instituições concretas, que se apoiam e se inscrevem na forma, são peculiares porque inexoravelmente erigidas a partir de interações sociais múltiplas.

Não há um conjunto institucional "padrão" para a forma política estatal. É um engano, por exemplo, associar estruturalmente capitalismo a Estado democrático de direito. Se a forma-mercadoria demanda uma forma política estatal, esta pode se consolidar em instituições estatais democráticas, conforme um tipo específico de arranjo das classes no capitalismo. Mas também pode haver graves crises na reprodução do capital, exigindo, contra a democracia, arranjos políticos ditatoriais ou mesmo fascistas. Assim, os institutos políticos de democracia eleitoral, que são um correlato possível da própria forma-valor capitalista, podem se apresentar como instituições indesejadas a determinadas posições ou situações das classes burguesas. A relação entre forma política e instituição política é íntima, mas não imediata no sentido lógico-funcional. As instituições estatais são materializações de uma forma terceira na dinâmica das relações capitalistas. Se elas guardam uma relação profunda e mediata com o capital, têm uma espécie de indeterminação imediata em relação à própria reprodução do capital. De modo geral, no capitalismo, se há uma derivação estrutural da forma política, há uma derivação relativamente singular de suas instituições.

É verdade que, no limite, será possível ainda dizer que a forma política estatal derivada da forma-mercadoria é variável quanto às suas instituições apenas parcialmente, porque a ausência de todas elas inviabilizaria a existência da própria forma. Há Estados capitalistas sem Poder Legislativo ou Poder Judiciário autônomos – ditaduras – e até mesmo casos de Estados capitalistas que renunciaram às instituições do poder militar ou da moeda nacional. As instituições políticas, dessa maneira, são variáveis na materialização da forma política estatal. Mas, certamente, não todas elas ao mesmo tempo, tampouco em todas as possíveis combinações de ausências parciais, na medida em que a sua falta total ou em determinados arranjos é a ausência dos mecanismos pelos quais a própria forma política se materializa.

Na materialização da forma política estatal, o próprio processo de constituição de suas instituições políticas não se apresenta como um único fluxo social de derivação contínua a partir de uma mesma lógica. Historicamente, houve instituições políticas típicas de um aparato de molde burguês que conviveram, por muito tempo, no seio de um Estado que manteve algumas instituições de privilégio. As situações variáveis das lutas de classes determinaram as peculiaridades das instituições políticas. E, ao mesmo tempo, há contradições institucionais dentro do próprio Estado. Erigidas e constantemente configuradas num aparato terceiro em face das classes e das demandas de reprodução do capital, as instituições políticas se relacionam de modos variados com tais níveis econômicos e sociais. Há setores estruturalmente mais nevrálgicos à reprodução do capital, para os quais o espaço da política sempre se consolidou de modo proeminente, pois mais jungido à continuidade da valorização do valor. Os órgãos da administração pública de implantação da infraestrutura física para a produção e a locomoção da mercadoria no território – transportes, energia etc. – tiveram primazia histórica em face dos órgãos de bem-estar social aos trabalhadores e despossuídos. No campo jurídico, as instituições de direito civil apresentaram-se, historicamente, muito antes daquelas do direito do trabalho. Dentro do quadro de ministérios de um governo, os de fazenda, economia e planejamento são mais rigidamente controlados pela satisfação aos mercados, se tomados em comparação com aqueles ministérios ligados ao bem-estar social.

A diferença interna nas dinâmicas, forças e pesos reais das instituições estatais se consolida historicamente e se deve tanto a espécies de eventuais capturas imediatas de espaços públicos na correlação da luta de classes quanto à própria natureza da sua forja estrutural. Garantindo a reprodução das condições sociais capitalistas em última instância, o Poder Judiciário está imune juridicamente a maiores injunções – quase sempre, age apenas quando provocado e julga argumentando de acordo com os quadrantes da legalidade. O respeito às decisões dos magistrados – mesmo quando em negação da vontade de um burguês em específico – é, no entanto, a manutenção da própria estrutura de submissão dos indivíduos à conformação jurídica geral. Nesse sentido, a sua ligação às condições amplas de reprodução do sistema social é mais estrutural que contingencial. As nomeações de representantes de banqueiros para a presidência de bancos centrais, por sua vez, ainda que reiteradamente realizadas, revelam um processo contingencial de constante captura de espaços juridicamente mais abertos – nos quais, então, a ação política livre mais se desvela, porque mais exigida amiúde.

Se o Estado, como forma terceira necessária à dinâmica do capital, desdobra seus aparatos em múltiplos órgãos e instituições, condensando, pois, a forma política do capitalismo, ele também se materializa junto a outras relações sociais, que em geral lhe são imediatas, acessórias ou relativamente autônomas – embora, no limite, possam lhe ser contraditórias e até francamente opostas. Assim, é preciso entender a dinâmica das instituições estatais enredadas num amplo quadro de relações com múltiplas instituições sociais. Entre instituições estatais e instituições sociais há vínculos necessários e variados, tão distintos quanto as próprias dinâmicas sociais e tão conflituosos quanto as próprias lutas de classes e a pluralidade dos grupos sociais. Entre o Estado, o direito, a religião, a cultura, os meios de comunicação de massa, as artes e as instituições ideológicas, de modo geral, há relações que vão tanto de um eventual desconhecimento mútuo até a total implicação estrutural ou funcional.

Entre as instituições do Estado e do direito há uma relação simbiótica, em nível estrutural. No capitalismo, a forma política estatal é imediatamente acompanhada da forma jurídica, a tal ponto que se dá, nesse caso, além da derivação de uma forma social comum, a forma-valor, uma conformação – ou, do mesmo modo, uma consubstanciação ou uma derivação secundária recíproca –, institucionalizando suas formas conjuntamente. Entre o Estado e os corpos ideológicos pode haver um arco de variadas relações. Há instituições ideológicas acessórias à política, servindo-lhe como elemento subsidiário, alterando sua proximidade e sua importância conforme variantes históricas sociais. Podem-se vislumbrar instituições ideológicas relativamente mais autônomas em relação ao Estado, como as estéticas. Há, no entanto, instituições ideológicas muito próximas ao Estado, como a educação pública e os meios de comunicação em massa. Se a região principal de condensação da política, no capitalismo, é o Estado, que lhe materializa o núcleo relacional da forma, as instituições políticas espargem-se, no entanto, de modos variáveis, pelo todo social.

Então, na materialização da forma política estatal, há uma pluralidade de instituições que lhe são imediatas e uma pluralidade de instituições sociais que lhe são próximas ou distantes, no complexo de relações sociais capitalistas. Daí que, por instituições políticas, podem ser identificadas tanto aquelas internas ao Estado quanto aquelas que lhe sejam correlatas, gravitando também no eixo político da reprodução social.

1.6. Estado e instituições políticas

A forma política estatal só se estabelece e pode ser compreendida num complexo relacional maior que os limites do Estado. É a sociabilidade de tipo capitalista que engendra um conjunto de formas sociais necessárias à sua reprodução, erigindo, então, uma forma política estatal como uma de suas engrenagens inexoráveis. O campo do Estado está estruturalmente mergulhado na totalidade das relações sociais capitalistas. Suas instituições políticas, tendo uma dinâmica interna, estão também atravessadas pelas estruturas sociais. Por toda a geografia do Estado e das instituições há, ao mesmo tempo, uma configuração interna e uma natureza estrutural no todo das relações sociais capitalistas.

Se se toma o aparato estatal como um organismo, ele só pode ser compreendido num sistema geral de instituições que se atravessam e convivem numa relação dinâmica, na reprodução social conflituosa do capitalismo. A partir desse todo, tomando-se o Estado como um organismo, suas instituições tradicionalmente são compreendidas como seus órgãos próprios e específicos. Os órgãos políticos estatais são, assim, as unidades de constituição interna do próprio Estado. Na sociabilidade capitalista, todos operam atravessados pela forma política.

As instituições políticas estatais comportam várias especificações materiais, estruturais e funcionais, além de desdobrados critérios de classificação. No plano espacial, uma possível divisão interna do Estado se faz com a sua distribuição em unidades, como as de Estados federados, províncias ou municípios. Trata-se de uma divisão geográfica, articulada no Estado central como seu núcleo; suas unidades menores são dependentes ou aglutinadas a um poder de hierarquia ou proeminência maior. Quanto ao plano das atribuições funcionalmente constituídas, compreende-se a secção dos poderes gerais do próprio Estado; na contemporaneidade, a divisão tripartite dos poderes do Estado é sua forma mais tradicional, embora seja apenas uma de suas manifestações possíveis. Se a tripartição é a forma de fracionamento do poder estatal reiterada, não é historicamente única. Tomando-se o Estado brasileiro como exemplo, já houve, para além da tripartição dos poderes, um quarto poder, o Poder Moderador do Imperador, no século XIX, e, para aquém da tripartição, o fechamento do Congresso Nacional na ditadura militar, no século XX.

Esmiuçando-se o mapeamento dos órgãos do Estado, eles podem ser desdobrados em governamentais e administrativos. Por órgãos de governo e por respectivas atividades políticas de governo identificam-se as estruturas e a ações diretamente investidas de poder, de grau decisório maior. Por órgãos administrativos e por respectivas atividades políticas de administração identificam-se as estruturas e as ações contingentes, típicas da burocracia, com menores graus de poder discricionário e limitadas à legalidade.

O exercício do poder político, por meio dos governantes, como presidentes da república, ministros, governadores, prefeitos, legisladores de todos os níveis – e, em certa medida, mesmo os magistrados –, constitui o espaço dos órgãos governamentais. É a partir das funções jurídicas de poder, em geral emanadas diretamente das Constituições, que se identifica em cada Estado, especificamente, o governo. Os órgãos de governo, nos Estados das sociedades capitalistas contemporâneas, encontram-se quase sempre divididos a partir de poderes seccionados, como o Executivo, o Legislativo e o Judiciário. Já os órgãos administrativos são todos aqueles que se desdobram como atividades de exercício da administração pública. Juridicamente, os órgãos administrativos são considerados hierarquicamente subordinados aos órgãos de governo. A moderna técnica do direito assim procede com o direito público, por exemplo, diferenciando o direito constitucional do direito administrativo.

No que tange às nomenclaturas classificatórias, órgãos de governo e administração podem ser chamados, sinonimamente, por instituições públicas ou estatais. Dentro destes, por exemplo, é tradição que a teoria geral do processo chame aos órgãos do Poder Judiciário, reunidos, por instituições judiciárias, tratando-se, nesse caso específico, de uma nomenclatura generalizante com referência a órgãos internos de um dos poderes do Estado. Ainda no que se refere a possibilidades de classificação, os órgãos do Estado, por conta de um critério de natureza funcional, são tradicionalmente divididos em militares e civis. Os primeiros têm por proeminência sua natureza repressiva e os segundos destacam-se por seu caráter organizador. Trata-se de uma divisão de atribuições falha se for tomada em absoluto, na medida em que tanto os órgãos civis quanto os militares possuem, em variadas doses, funções constitutivas e repressivas.

As instituições estatais se desdobram em poderes e em órgãos de governo e administração, civis e militares, mas as instituições políticas não se esgotam aí. Organismos e entidades não diretamente estatais, como partidos políticos, organizações não governamentais, grupos de pressão, associações, sindicatos, entidades de classe, ou mesmo determinados arcabouços culturais, símbolos, ritos e práticas, estando intimamente ligados à vida política, podem ser denominados por instituições políticas, ainda que não imediata ou formalmente estatais. Trata-se, em alguns casos, de um relativo apartamento – podendo se considerar tais instituições políticas mais como sociais que propriamente como estatais – mas, em muitas ocasiões, tais instituições encontram-se em estreita dependência estatal. Muitas vezes, o reconhecimento e a própria existência de tais instituições dependem expressamente da sua formalização jurídico-estatal.

Portanto, tratando de sua especificação, as instituições políticas podem ser estatais – órgãos do Estado, governo, administração – ou políticas em sentido amplo. Ainda em termos de identificação e nomenclatura, no campo político, as instituições políticas costumam ser, ao invés de especificadas, agrupadas ou tomadas de modo genérico. Conceitos amplos, como os de aparatos, aparelhos e instância, são fundamentalmente nomenclaturas de identificação por agrupamento ou generalização. No que tange à especificação, as instituições sociais são materializadas e apreendidas concretamente, na teia das próprias relações sociais em que se constituem, e muito de sua nomenclatura advém de autonomeação ou de determinação jurídica estatal. No que tange ao agrupamento ou à generalização, a nomenclatura, por não ser autorreferente nem advinda de classificações jurídicas ou estatais, ainda que tratando de práticas materiais concretas, costuma ser variável.

Por aparatos sociais podem ser considerados alguns agrupamentos de instituições do todo social que consigam ser relativamente identificados pelo seu tipo de condensações de estruturas, funções e práticas. Descrevendo específicos conjuntos de malhas nas redes do tecido social, os variados aparatos sociais poderiam ser tomados, no nível conceitual, como suprainstituições materiais, apontando a um amálgama de estruturas. Os aparatos são os grandes espaços no todo social que suportam os aparelhos. Por sua vez, aparelhos podem ser tomados praticamente no sentido de núcleos materiais de sociabilidade, condensando tipos de relação social específicos. Althusser emprega o termo aparelho ideológico, por exemplo. Mas, por se tratar de uma definição quase sempre haurida de práticas e não de classificações formais jurídicas ou estatais, a identificação de aparelho se faz num processo variado ou de divisão, de soma ou de indistinção de instituições sociais, no que diz respeito às suas funções ou práticas. Por serem referências de agrupamento ou generalização, aparatos e aparelhos são, tradicionalmente, conceitos menos insignes e menos especificados que o de instituição ou órgão político.

No que tange ao plano da teoria política, pode-se tomar como referência dos aparatos políticos as grandes estruturas e os grandes espaços de materialização, criação e sustentação de aparelhos políticos, estes considerados como organismos sociais mais específicos. No capitalismo, o núcleo da política consolida-se no aparato do

Estado. Esse aparato desdobra-se em específicos e variáveis aparelhos, que o constituem. Assim, tratando de nomenclatura ampla, pode-se falar que o Estado é um aparato social, que sustenta específicos aparelhos como o da burocracia judiciária.

Ainda no campo da nomenclatura, por instância pode-se considerar uma grande região do todo social. Sendo um conceito de amplitude ainda maior que os de aparato ou aparelho, não opera suas distinções pela estrutura ou pela função de instituições reunidas, mas apenas pela comparação relativa a outras manifestações fenomênicas do todo social. Trata-se, fundamentalmente, de uma ferramenta teórica para separação de geografias no seio da totalidade. Trata-se de um conceito comparativo, por distinção. Nas postulações de Althusser e Poulantzas, por exemplo, a política há de se considerar uma instância quando tomada em relação aos níveis econômico e ideológico, dentro da totalidade que compõem. Há, na identificação da instância, uma diferenciação regional do todo social, seccionando-o a partir de generalizações dos tipos de práticas materiais. Justamente pelo seu vasto grau de classificação, quase sempre soma regiões cujas formas sociais e instituições são distintas entre si. Nessa classificação, a instância política, se é eminentemente estatal, acaba de algum modo também sendo a região na qual se localiza a forma jurídica, comportando ainda muitas outras ramificações sociais. A instância, sendo quase sempre um conceito preliminar e não de resultante final, não pode ser considerada como soma de instituições, aparatos e aparelhos que guardem identidade, mas apenas como conceituação de uma região seccionada do todo social.

Os conceitos políticos que generalizam as instituições políticas têm mais dificuldade de operacionalização, justamente porque agrupam entidades distintas. Os conceitos políticos que especificam as instituições políticas, por sua vez, valem-se, em geral, de nomenclaturas que são dadas pelo próprio direito e pelo Estado, de modo normatizado juridicamente, o que permite a classificação conforme a determinação normativa.

O fenômeno político, no capitalismo, não se limita ao Estado, mas nele se condensa. O Estado é o núcleo material da forma política capitalista. O governo é o núcleo poderoso e dirigente do Estado e a administração pública é seu corpo burocrático. Governo e administração são os organismos da política estatal. Nesse agrupamento, todas as instituições políticas costumam ser imediatamente consideradas fenômenos devidos apenas à sua derivação do Estado, como se surgissem de um autodesdobramento ou de uma vontade criadora estatal. Se essa derivação das instituições políticas em face do Estado é possível num plano imediato, ela só pode ser entendida numa complexa, variável e contraditória dinâmica das próprias instituições e do Estado com reprodução econômica capitalista e suas formas sociais fundantes. A forma política, derivada das formas econômicas do capitalismo, gera as balizas para as dinâmicas coesas ou contraditórias de sua derivação interna. As instituições políticas, no capitalismo, operam sua dinâmica sob a coerção da forma política e das formas sociais do capital.

1.7. Forma política e forma jurídica

Há um nexo íntimo entre forma política e forma jurídica, mas não porque ambas sejam iguais ou equivalentes, e sim porque remanescem da mesma fonte. Além disso, apoiam-se mutuamente, conformando-se. Pelo mesmo processo de derivação, a partir das formas sociais mercantis capitalistas, originam-se a forma jurídica e a forma política estatal. Ambas remontam a uma mesma e própria lógica de reprodução econômica, capitalista. Ao mesmo tempo, são pilares estruturais desse todo social que atuam em mútua implicação. As formas política e jurídica não são dois monumentos que agem separadamente. Elas se implicam. Na especificidade de cada qual, constituem, ao mesmo tempo, termos conjuntos.

O núcleo da forma jurídica reside no complexo que envolve o sujeito de direito, com seus correlatos do direito subjetivo, do dever e da obrigação – atrelados, necessariamente, à vontade autônoma e à igualdade formal no contrato como seus corolários. Por sua vez, o núcleo da forma política capitalista reside num poder separado dos agentes econômicos diretos, que se faz presente por meio da reprodução social a partir de um aparato específico, o Estado, que é o elemento necessário de constituição e garantia da própria dinâmica da mercadoria e da relação entre capital e trabalho.

No entanto, embora direito e Estado se apoiem mutuamente, sua ligação é nuançada, o que choca a interpretação comumente realizada a seu respeito. Pela tradição do juspositivismo, que compreende o Estado e o direito como ângulos distintos de um mesmo fenômeno, o contorno do jurídico é constituído pelo político. É o Estado, por meio de sua soberania, que institui o direito, valendo-se de um instrumento por excelência, a norma jurídica. Se o direito, para a ciência juspositivista, se reduz à norma jurídica, então o direito é o Estado.

Segundo a perspectiva juspositivista, o mesmo é postulado no que tange à via reversa. O Estado, fenômeno de poder, distingue-se dos demais poderes da sociedade porque se valida em competências que são hauridas de normas jurídicas. O poder do Estado é o poder que as normas jurídicas lhe conferem. A ação estatal é necessariamente uma ação jurídica. Os atos do Estado são sempre atos jurídicos – do direito administrativo ou dos demais ramos do próprio direito público. Como se depreende, dentre outras, também da notória visão de Hans Kelsen, o juspositivismo considera por Estado o direito.

É verdade que a raiz comum tanto da forma política quanto da forma jurídica na forma-valor faz com que os fenômenos do Estado e do direito remontem à mesma lógica e se coadunem nas mesmas estruturas gerais da reprodução capitalista nas quais se acoplam. Mas tais formas sociais não se assemelham totalmente nem se equivalem como espelhos, porque guardam especificidades. É por conta de tais talhes formais singulares que se há de falar da forma política e da forma jurídica

separadamente, sem incorrer numa tentação de tratar de uma genérica forma político-
-jurídica estatal. Se eventualmente se toma o político-jurídico como um complexo
funcional, isto só pode ser empreendido em termos bastante didáticos, jungindo
regiões próximas do todo social, mas nem por isso se poderá considerar, estrutural
e causalmente, um complexo formal jurídico-político.

O núcleo da forma jurídica, o sujeito de direito, não advém do Estado. Seu surgimento, historicamente, não está na sua chancela pelo Estado. A dinâmica do surgimento do sujeito de direito guarda vínculo, necessário e direto, com as relações de produção capitalistas. A circulação mercantil e a produção baseada na exploração da força de trabalho jungida de modo livre e assalariado é que constituem, socialmente, o sujeito portador de direito subjetivos. Como exemplo de esclarecimento, pode-se valer do caso das sociedades do continente americano que se fundaram na moderna escravidão ao mesmo tempo que desenvolviam relações de produção capitalistas, como o que ocorreu no Brasil. Juridicamente, o escravo estava impedido de ser sujeito de direito. Sua emancipação jurídica somente se deu, por completo, a partir de 1888. No entanto, os estudos históricos demonstram que alguns escravos entesouravam dinheiro e bens, pondo-se, sorrateiramente à lei, na cadeia da reprodução econômica capitalista. Não eram, pela declaração normativa estatal, sujeitos de direito. Constituíam-se, no entanto, como tais na dinâmica econômica em que se inscreviam.

O Estado posteriormente realizará a chancela formal da condição de sujeito de direito, mas tal procedimento é um acoplamento derradeiro entre forma jurídica e forma política que mantém, no entanto, as suas especificidades. O circuito capitalista plenamente instalado opera uma conjugação do jurídico e do político estatal apenas no plano técnico: suas formas derivam, cada qual, das próprias relações capitalistas, mas, no manejo técnico imediato, por direito será compreendido o direito estatal, abominando-se e perseguindo-se os arranjos dos costumes ou os atos que afrontem as formas de reprodução social impostas pelo Estado. Funcionalmente, as sociedades capitalistas, quando das revoluções burguesas, manejam como se fossem um mesmo complexo o Estado e o direito. Mas esse processo, que é apenas de chegada e no nível técnico, não impede de ver a longa maturação histórica de suas formações distintas. O descompasso entre o Estado, suas normas, as atividades concretas das classes burguesas e das classes trabalhadoras é exemplar em sociedades ainda não plenamente desenvolvidas no circuito capitalista de circulação mercantil e produção lastreada no trabalho assalariado. Na escravidão dos países periféricos e no próprio Absolutismo na Europa, percebe-se um Estado já em consolidação, mas com funções políticas relativamente alheias à forma jurídica nascente.

A forma política estatal se estabelece definitivamente apenas quando a sociabilidade geral se torna jurídica. O Estado de direito assim o é, fundamentalmente, porque opera em conjunto com as relações sociais permeadas pelo direito. No processo social da reprodução capitalista se instaura uma subjetividade que investe de juridicidade a relação entre burgueses e trabalhadores e, ao mesmo tempo, torna o Estado também permeado pela mesma juridicidade. Ainda que não um sujeito de direito como as pessoas físicas e as pessoas jurídicas, na sociabilidade capitalista o Estado adquire uma forma específica, que o faz ser constituído e relacionado, de modo próprio, como uma subjetividade jurídica. As categorias fundantes do direito passam a operar no Estado.

Historicamente, se Estado e direito surgem como derivas necessárias e específicas do mesmo fenômeno do circuito pleno da forma mercantil, serão as revoluções liberais burguesas que constituirão o Estado e o direito como formas acopladas tecnicamente uma à outra. O Estado conforma o direito num processo de específica aparição estrutural: a forma jurídica já se institui como dado social presente e bruto quando o Estado lhe dá trato. Os agentes da produção já se apresentam na estrutura social capitalista como sujeitos de direito, operando relações sociais concretas, quando os Estados os definem formalmente como tais e lhes dão seus contornos peculiares, como as atribuições da capacidade. São as normas estatais que conformam o sujeito de direito a poder realizar vínculos contratuais livremente a partir de uma idade mínima estabelecida, mas esse sujeito já se impunha na estrutura social por derivação direta da forma-mercadoria. A manifestação social do sujeito de direito advém estruturalmente da própria dinâmica da reprodução capitalista. A institucionalização normativa do sujeito de direito, os contornos da capacidade e as garantias a essa condição jurídica é que são estatais. A troca de mercadorias e o trabalho feito mercadoria são os dados que talham a forma-sujeito de direito. A normatividade estatal opera sobre essa forma já dada, conformando-a.

Não é errado encontrar um vínculo próximo entre forma política e forma jurídica, porque, de fato, no processo histórico contemporâneo, o direito é talhado por normas estatais e o próprio Estado é forjado por institutos jurídicos. Ocorre que o vínculo entre forma política e forma jurídica é de *conformação*, realizando entre si uma espécie de derivação de segundo grau, a partir de um fundo primeiro e necessário que é derivado diretamente da forma-mercadoria. É o aparato estatal já necessariamente existente e as formas jurídicas já anunciadas socialmente que se encontram para então estabelecer um complexo fenomênico político-jurídico.

Pode-se entender, então, que as formas política e jurídica, ambas singulares, são derivadas de formas sociais comuns e apenas posteriormente conformadas, reciprocamente. Em tal processo de conformação, os limites nucleares das duas formas são necessariamente mantidos em sua especificidade, como estruturas fundamentais da reprodução do capital. A conformação opera na quantidade da política e do direito, nunca na qualidade de estatal ou jurídico. Como exemplo, o Estado, assumindo encargos e poderes políticos autônomos e autodeclarados soberanos, abre, constitui e cria novos campos do fenômeno jurídico nas sociedades capitalistas. Assim, a relação de trabalho, de início estruturada em vínculos contratuais totalmente autônomos e atomizados, passa a ser intermediada por institutos normativos estatais como o do salário-mínimo. O Estado avança sobre o jurídico, tocando no núcleo da própria forma-sujeito, limitando-a ou talhando-a em novos modos. Mas tal poder do político no jurídico nunca vai a ponto de negar a própria forma jurídica de sujeitos de direito livres e iguais para o vínculo de trabalho. O Estado, se limita a quantidade da autonomia da vontade no contrato de trabalho, não extingue a própria relação de trabalho.

A forma jurídica preserva seu núcleo necessário em face do Estado, não porque o jurídico seja maior que o político, mas porque ambas as formas não podem ser submetidas uma a outra a ponto de deixarem de existir. Derivam todas de uma mesma forma comum, do valor e da mercadoria, que demanda não uma ou outra, mas sim uma e outra. É por conta disso que o Estado não destrói o núcleo da forma jurídica, porque tal destruição é tanto do direito quanto do capitalismo e, portanto, do próprio Estado. A forma política é autônoma e conformadora da forma jurídica nos limites em que tal ação não afete a reprodução geral do capital.

Do mesmo modo, o jurídico, ao conformar o político, não o faz a ponto de abolir a necessária intermediação estatal para a reprodução do capital. Se a autonomia da vontade é o vínculo por excelência da exploração do trabalho assalariado, ela não se apresenta socialmente como um poder dos indivíduos sem intermediação política, porque a carência de tal vínculo terceiro acarretaria uma anarquia mortal à reprodução. Se a liberdade total da vontade até pode garantir, em seus próprios termos, um vínculo isolado e específico de produção, não garante, no entanto, a reprodução. Daí que os termos da forma jurídica jamais se apresentam contra a totalidade da forma política estatal. Como exemplo, as técnicas de arbitragem privada entre contratantes e contratados, nas sociedades capitalistas, só se estabelecem juridicamente como laterais ou marginais à própria intervenção constituidora do Estado.

É por tal vínculo de conformação que respeita o solo estrutural comum da reprodução da mercadoria que o Estado, em casos reiterados de exceção e ditadura, destrói, esgarça e inova totalmente os laços jurídicos no campo do direito político, do direito público e de muitos setores do direito privado, mas não toca o núcleo fundamental da subjetividade jurídica. O Estado pode até restringir drasticamente a quantidade dos direitos subjetivos, mas não afasta a qualidade de subjetividade jurídica geral. Em casos tão extremos quanto os das ditaduras militares na América Latina, ou dos governos despóticos em alguns países árabes, africanos ou asiáticos, ou mesmo nos casos de fascismo e nazismo na Europa, a subjetividade jurídica é comprimida, reconfigurada e retalhada, mas sempre mantida em seu mínimo que dá fundamento à dinâmica de reprodução do capital. O sujeito de direito pode perder, por intervenção extrema do Estado, o direito ao voto, o direito à dignidade da identidade cultural, religiosa, de sexo ou raça, mas não perde o núcleo da subjetividade jurídica, que é dispor-se contratualmente ao trabalho assalariado, bem como o capital privado quase nunca é expropriado em sua total extensão. Os Estados do mundo constituem, modificam ou negam, ao bel-prazer, desde as constituições até os códigos ou as normas infralegais. Tratando de modo simbolístico, se os Estados do mundo rasgam as diretrizes da Constituição, que é a norma de mais alta hierarquia jurídica do direito positivo, não rasgam, no entanto, as diretrizes do Código Civil. O núcleo da forma-sujeito se mantém como razão estrutural de preservação da forma-mercadoria, o que é também a razão estrutural de preservação da própria forma política estatal.

A imbricação recíproca entre forma política estatal e forma jurídica faz com que, no nível de sua operacionalização e de seu funcionamento, ambas sejam agrupadas. É a técnica jurídica que cimenta tal aproximação. No campo das técnicas – não das formas –, o direito e o Estado estabelecem as maiores pontes entre si. A forma jurídica, que resulta estruturalmente de relação social específica da circulação mercantil, passa a ser talhada, nos seus contornos, mediante técnicas normativas estatais. Ao mesmo tempo, o Estado, sendo forma política apartada da miríade dos indivíduos em antagonismo social e tendo aí sua existência estrutural, se reconhecerá, imediatamente, a partir do talhe das estipulações jurídicas. Nesse sentido, embora as formas políticas estatal e jurídica sejam forjadas estruturalmente a partir das relações sociais capitalistas, o imediato de seus corpos opera a partir de uma técnica aproximada, num processo contínuo de perfazimento. Se no que tange à forma, política e direito são duas estruturas insignes, na operacionalização técnica se agrupam.

Com isso, o Estado passa então a ser compreendido como Estado de direito, fazendo instaurar um pleno regime de circulação das vontades políticas e dos atos de poder estatal a partir de procedimentos manipuláveis mediante as formas jurídicas. Ao mesmo tempo, o direito passa a ser instituído normativamente, garantido e sustentado pelo Estado. A criação imediata da quantidade do direito e da sua processualização torna-se estatal. Com o Estado de direito, as formas que se originam do direito privado – como a subjetividade jurídica – transbordam para o direito público, ao mesmo tempo que o direito público captura a construção imediata do direito privado – processo judicial e legislativo e competências, por exemplo.

Como se trata de um agrupamento de duas formas sociais específicas num mesmo processo de implicação recíproca, pode-se dizer que se trata de uma conformação social. Além disso, por se tratar de uma fusão a partir de núcleos distintos, constituindo um material de trabalho comum – a técnica jurídica que transborda reciprocamente do privado para o público –, o manejo jurídico imediato, que é sempre normativo estatal, faz com que, nesse nível final da operacionalização do jurídico e do político, perceba-se uma consubstanciação das formas em uma técnica de que comungam. Tal consubstanciação das formas distintas em técnica instaura uma mesma estrutura de mecanismos para o perfazimento, no plano imediato, do direito e do Estado.

1.8. A autonomia do Estado

Tomado a partir da forma política, o Estado revela-se relativamente autônomo em relação à totalidade social. De fato, há uma separação entre o poder político e o poder econômico. A reprodução do capitalismo só é possível apartando-se o poder político da miríade de agentes econômicos, tanto burgueses quanto trabalhadores. Nisso reside o fundamental da autonomia da forma política. Mas tal autonomia se exerce justamente numa cadeia de relações sociais específicas, capitalista. O Estado é autônomo mediante condições de reprodução capitalistas. Assim, sua forma é capitalista e sua posição existencial e estrutural depende dessa contínua reprodução. Sendo uma entidade relacional, condensando específicas dinâmicas sociais, o Estado não é autônomo diante dessa estrutura geral das relações do capitalismo, daí a relatividade da sua autonomia. Dentre outros, Poulantzas, a seu modo, foi um dos que mais se dedicaram a ressaltar características dessa autonomia relativa.

A separação do poder político em face do poder econômico não se deve apenas ao motor de alguma força intrínseca própria do Estado. Não é seu peso, sua maquinaria, suas instituições ou sua imposição militar que o fazem se apartar da sociedade e submetê-la. Se o aparato estatal – valendo-se do monopólio da violência legítima, da força militar que lhe é efetiva e mesmo da sua eventual força econômica – apresenta-se socialmente como um poder maior que aquele dos indivíduos e classes, independente deles, a forma política do capitalismo se destaca como autônoma em relação aos próprios indivíduos, grupos e classes e seus interesses porque a única possibilidade para a reprodução capitalista das relações sociais destes é afastando-se de seu controle imediato o poder político. Nas determinações sociais reside a sustentação geral da autonomia do político, que, além disso, se complementa com a sua própria materialidade. Ocorre que, de acordo com as definições jurídicas – que alcançam apenas as manifestações mediatas de seu fenômeno, não as imediatas –, o Estado é soberano, isto é, afirma-se como poder acima de todos na sociedade e, em geral, explica-se tal apartamento entre o estatal e o social por conta de suas funções e de seu poder autoatribuídos. Se é verdade que o Estado tem uma forma organizativa interna que lhe dá autonomia, materialmente, ela não surge alheia ao tecido social, mas, antes, se instaura com ele, a partir de específicas relações sociais, capitalistas.

A compreensão tradicional – jurídica – sobre a autonomia estatal é falha, porque trata das contingências de seu poder mas não da estrutura de sua existência. De modo geral, é verdade, os Estados são mais poderosos que determinadas pessoas e grupos empresariais, mas não necessariamente. Há conglomerados econômicos maiores que muitos Estados. O respaldo militar da soberania estatal advém de sua própria organização armada, mas há outras que lhe podem confrontar em termos de combate e violência – insurgências civis, milícias e grupos paramilitares. Poder-se-ia argumentar que a soberania do Estado é reconhecida simbolicamente, na medida de uma legitimidade presumida socialmente. Mas também há outras entidades simbolicamente autônomas que poderiam ou não concorrer com o poder estatal, como a religião.

Buscar a autonomia do Estado nas suas instituições, funções e manifestações concretas de poder conjuntural é tomar o fenômeno político contemporâneo pelo efeito e não pela causa. Não se pode observar, na fortaleza ou na fraqueza do Estado, o elemento que funda a possibilidade de manutenção ou de superação da própria exploração capitalista. Não é internamente, no núcleo da forma política contemporânea, que se haure sua eventual autonomia: para toda tentativa de buscar vislumbrar uma autonomia estatal total pode lhe ser oposto um dado fático contrário. Por isso, quanto à posição estrutural do poder do Estado em face da sociedade, não se procede pela sua perquirição a partir dos próprios quadrantes internos do político. A autonomia estatal é estruturalmente havida só e sempre em razão da própria derivação de sua forma a partir dos mecanismos de reprodução capitalista. A forma-valor explica a forma política estatal como sua derivada. Tal forma política é, estruturalmente, terceira em relação à dinâmica particular dos indivíduos e classes, exsurgindo necessariamente como um espaço distinto do capital e do trabalho assalariado, mas vinculando sua existência às próprias relações capitalistas.

É porque a produção capitalista se movimenta na igualdade formal entre capital e trabalho e na liberdade de liames de exploração a partir da autonomia da vontade que se manifesta uma instância política separada a princípio das partes, justamente para poder servir de garante e vinculador imparcial dessa mesma relação. O Estado, na dinâmica da reprodução do capital, é inexoravelmente distinto tanto das classes capitalistas quanto das classes trabalhadoras. Sua autonomia, que revela sua materialidade e os contornos de seu corpo organizacional, comunica-se também de modo externo à própria força estatal: é na valorização do valor que se deve buscar a raiz da forma política, e, daí, em sua separação em face do nível econômico, engendra-se o motor da existência autônoma do Estado. Sua eventual força econômica, militar, ideológica e política imediata é suplementar à autonomia que advém inexoravelmente das relações sociais capitalistas.

Se o Estado é autônomo quanto aos sujeitos de direito em relação mercantil e produtiva capitalista, então ele não se apresenta, formal e imediatamente, como a vontade da burguesia ou, via contrária, da classe trabalhadora. Mas se o Estado revela autonomia perante as classes, não quer revelar, com isso, indiferença em relação ao todo social. Não é o domínio do Estado por uma classe que revela sua razão estrutural de ser: é a forma que revela a natureza da reprodução social. A forma política estatal é necessariamente distinta de todos os indivíduos ou classes, justamente porque somente assim a reprodução econômica capitalista pode ser estabelecida. A junção do aparato político com o imediato interesse econômico dominante representaria uma volta a modos de produção do tipo escravagista ou feudal. Se há autonomia do Estado, ela existe de modo necessariamente relativo, quer dizer, fincada na dependência estrutural e existencial de determinado tipo de reprodução social, capitalista.

O Estado é distinto imediatamente das classes burguesas, não se confundindo com nenhuma delas, e é, no entanto, o elemento necessário da reprodução da própria dinâmica de valorização capitalista. De tal sorte, não sendo burguês imediatamente, o Estado o é, necessariamente, de modo indireto. A própria lógica estrutural do Estado atende à reprodução contínua das relações capitalistas. A forma estatal, responsável por essa constante dinâmica, revela-se então estruturalmente capitalista.

A autonomia do Estado em relação aos agentes econômicos, sendo real porque advinda das concretas relações econômicas capitalistas, é relativa se tomada justamente em tal nível estrutural. Capitalismo e Estado se relacionam no nível das formas e estruturas, não no nível da eventual contingência da captura do poder pela classe burguesa. O Estado é capitalista não por causa das variadas classes que disputam ou possuem diretamente seu domínio. Também os Estados cujos governos são dominados por membros ou movimentos das classes trabalhadoras são necessariamente capitalistas. Havendo a necessidade de intermediar continuamente a relação de exploração da força de trabalho, por modo assalariado, regulando-a, bem como aos processos contínuos de valorização do capital, o Estado mantém a dinâmica capitalista ainda quando seus dirigentes declaram oposição às classes burguesas. A forma estatal faz com que as ações políticas sejam necessariamente configuradas com base na fôrma da reprodução contínua do valor. As experiências de muitos países socialistas, no século XX, reputando-se socialistas porque simplesmente tiveram o poder estatal nas mãos de grupos de trabalhadores, ao se movimentarem politicamente por uma forma estatal, mantendo a dinâmica de reprodução do capital, foram, então, não socialistas, mas sim espécies de capitalismo de Estado.

Se o Estado é autônomo perante a dinâmica das relações sociais de indivíduos, grupos e classes sociais, tal autonomia é, pois, relativa, porque sua posição estrutural não é outra senão a de garante terceiro necessário às próprias relações capitalistas. O Estado é necessariamente capitalista pela sua forma. Ocorre que o poder estatal, ao se estabelecer enredado numa estrutura cuja reprodução é condição de sua existência, posiciona-se, no que tange à sua autonomia, para a manutenção das próprias condições estruturais que lhe dão base.

O Estado é capitalista na medida em que põe sempre em causa, estruturalmente, sua própria existência, e esta depende da sobrevivência de tipos de sociabilidade capitalistas. Suas instituições, seus aparatos de governo e administração, seus governantes e agentes administrativos se encontram necessariamente enredados em formas políticas atreladas à manutenção dos meios que realimentam a dinâmica de reprodução do capital. Conforme já apontado por Claus Offe, é também como forma de garantia da existência de suas próprias instituições que os agentes estatais se ligam necessariamente à manutenção e à reprodução do valor. O movimento dos agentes estatais pode não ser consciente tampouco ligado a uma estratégia nitidamente estabelecida ou a uma classe específica, mas condiciona a existência das instituições estatais à manutenção das próprias relações sociais capitalistas.

Na dinâmica econômica do Estado, é por meio dos tributos que ele se alimenta. A sua contínua capacidade arrecadadora depende do estabelecimento de melhorias contínuas nas condições políticas para o desenvolvimento do capital. Mas tal processo não é lógico nem autoconsciente. Em se constituindo como deriva necessária das relações concorrenciais entre indivíduos, grupos e classes no capitalismo, o Estado não é imediatamente nenhum deles; no entanto, ele é atravessado, necessariamente, pela luta de classes e pelas dinâmicas das relações sociais em disputa. Instituições do Estado podem ser apropriadas ou influenciadas de modo majoritário por pressões de grupos ou classes específicas, fazendo com que a política estatal seja amplamente mais favorável aos seus interesses. Há governos que resultam mais reféns de capitais financeiros, outros de capitais de classes agricultoras, outros de classes comerciantes, alguns de elites sindicais, alguns muito mais de movimentos sociais de massa. Ocorre que todos esses governos operam, dentro dos Estados, mediante uma forma necessária e derivada da forma-valor. O Estado, portanto, é ao mesmo tempo um constituinte e um constituído dos movimentos contraditórios das lutas de classe, porque é atravessado por elas. Sendo o resultado de variáveis relações sociais concorrentes e em conflito, o Estado não pode ser tomado como um elemento fixo do domínio de uma classe.

Do mesmo modo que se estabelece a partir das contradições da luta de classes e no seu seio, o Estado se relaciona com a dinâmica dos grupos e das instituições sociais, reagindo a ela. A religião interfere em algumas de suas configurações e no alcance de ações políticas. Os horizontes da cultura média e da informação de massa são quase sempre os mesmos da política estatal, porque os agentes estatais são talhados ideologicamente no mesmo todo social e também porque o Estado forja grande parte dessa ideologia. O patriarcalismo da sociedade se reflete e é retrabalhado no aparato político. As relações de gênero e raça estão no torvelinho da constituição e da presença do Estado. Assim, se o Estado é autônomo em relação a indivíduos, grupos e classes, o é só relativamente também porque suas relações se fazem a partir dos limites da própria sociedade, embora o Estado possa, eventualmente, também assumir posições contraditórias em face dessas mesmas contradições sociais.

O Estado não se altera apenas por conta das decisões de seu próprio poder ou de suas funções internas, mas, principalmente, por conta das injunções de demandas estruturais externas a si. No seio da relativa autonomia do Estado perante a dinâmica da sociedade capitalista, revela-se tanto a sua capacidade de reprocessar as contradições sociais, buscando manter seus horizontes econômicos de fundo, quanto a própria permeabilidade do aparato estatal às contradições. Por não ser um aparelho imediato de uma classe, o Estado não pode ter meios de garantia de que padrões específicos da reprodução social capitalista venham a se prolongar infinitamente. As crises do capitalismo podem ser retrabalhadas, reformuladas e minoradas por meio do Estado, mas podem também ser majoradas e, eventualmente, levar ao colapso do próprio modo de produção capitalista. É por ser relativamente autônomo em relação à sociedade e ser atravessado por suas contradições que o Estado se consolida como estrutura política do capital, mas dessa deriva estrutural não resulta que ele seja necessariamente sempre seu garante lúcido, estratégico e eficaz.

Forjando-se como relação social baseada nas relações concorrenciais mercantis capitalistas, o Estado não resulta como um elemento inerte, neutro ou natural no todo social. Sua ação funcional está, de variados modos e a partir da sua específica autonomia relativa, ligada à sua razão estrutural, que é a garantia da continuidade da dinâmica do capital. Por sua vez, a reprodução social capitalista e suas crises demandam ação estatal, que se faz e se apresenta de modo contraditório e incoerente muitas vezes. O Estado intervém na sociedade necessariamente, não apenas para assegurar a propriedade privada e a liberdade e a igualdade formais, mas para tolhê-las em variadas circunstâncias, em favor ou desfavor de indivíduos, grupos ou classes e em benefício da manutenção, da requalificação ou da mudança do circuito geral da valorização do valor. Se há, em certo tempo histórico, uma reiteração de um padrão econômico-político-social – tempos do liberalismo, do intervencionismo de bem-estar social, do capitalismo de Estado, do neoliberalismo –, esse tempo não é de omissão, mas sim de constante manejo estatal para a sustentação da reprodução de tal padrão. Do mesmo modo, a mudança de padrão econômico-político--social é um tipo possível de intervenção estatal, apenas mais explícito, no seio da contradição social.

A autonomia relativa do Estado desdobra-se para o seu campo interno. Suas instituições e funções portam variáveis autonomias. No complexo de relações concorrentes e desarmônicas entre capital e trabalho, entre posições de interesse nacional e exterior, entre grupos e entre indivíduos, as respostas do Estado a tais contradições variadas são múltiplas, também porque sua posição estrutural guarda diferentes autonomias relativas diante de tais indivíduos, grupos, classes e Estados exteriores. Agindo variadamente, o Estado reconfigura a sociedade e também se reconfigura de modo variado. Trata-se de um processo dinâmico. As distintas autonomias relativas no seio do Estado em face da reprodução econômica fazem com que as crises estruturais do capitalismo determinem reorganizações constantes e peculiares dos aparelhos políticos e de suas funções, modificando inclusive seus pesos no todo do organismo estatal. Uma crise de abastecimento de alimentos pode tanto fazer surgir novas funções de planejamento e distribuição de terras nas instituições de governo como pode nelas aumentar o sistema penal de repressão a crimes contra o patrimônio em face dos esfomeados que furtem, como pode também dar margem, num Estado concorrente, a aumentar as funções do seu ministério da agricultura e do comércio exterior, tencionando a venda de alimentos ao país desabastecido e os lucros daí advindos. Por conta de diferentes reações, os Estados resultam reconfigurados variadamente em seus aparatos políticos, rearranjando, também, os pesos e os poderes das classes que lhe são politicamente majoritárias.

O Estado apresenta, de tal modo, instituições e aparelhos dinâmicos historicamente, porque sua geografia e suas funções variam em correlação à evolução dos conflitos sociais e das contradições do próprio capitalismo. Não só o Estado apresenta mudanças históricas como também revela uma variedade interna, cuja polirritmia é originária do seu caráter relativamente autônomo e variadamente poroso em face de todas as classes, grupos e indivíduos da sociedade. Nos poderes executivos, o grande capital acessa e captura mais facilmente as deliberações dos ministérios e secretarias que gerem a economia. As classes trabalhadoras e mesmo os movimentos sociais, em algumas circunstâncias, até conseguem influência em instituições governamentais que lidam com o trabalho e a assistência social. Mas a própria diferença de força entre as pastas de um mesmo governo demonstra a variação de influência dos grupos sociais nos múltiplos aparelhos estatais. As contradições que atravessam a sociedade capitalista se refletem dentro do próprio Estado, que, excetuando-se condições extremas, nunca é absolutamente capturado apenas por uma classe ou grupo. Entretanto, essa abertura dos organismos estatais a várias classes exprime, de algum modo, as posições de poder relativo dessas mesmas classes.

Além de refletir as contradições sociais no seu interior, o Estado constitui e qualifica o acesso da sociedade a si. Suas estruturas institucionais organizam, chancelam, filtram, selecionam, aceitam e afastam as demandas da sociedade. Como, de modo geral, o Estado não processa o conflito social em termos de classe, mas, pelo contrário, maneja por excelência a célula do indivíduo-cidadão, a contradição de classe se resolve nos termos restritos das demandas individuais.

A forma política estatal e a forma jurídica, derivadas necessárias da forma mercantil, constituem os indivíduos, no capitalismo, não como membros de determinadas classes ou grupos, mas sim como sujeitos de direito e cidadãos. É por meio de tais formas e suas ferramentas correlatas – direitos subjetivos e deveres, voto – que a pressão social é retrabalhada pelo Estado. Assim, a forma política estatal e a forma jurídica, envolvidas num complexo funcional, representam um nível formal ótimo à própria reprodução da mercadoria e, por extensão, ao próprio capital. De modo geral, as lutas das classes não avançam como tais nas teias dos Estados, ficando retidas nas categorias da forma política – cidadão, voto e representação – e da forma jurídica – cumprimento de direitos subjetivos e deveres dos sujeitos de direito, pessoa física e pessoa jurídica.

Mas é também por conta de sua relativa autonomia que o Estado pode representar, em muitos momentos, uma disfunção em face das contradições das classes e dos grupos. A constituição e a filtragem das relações sociais – feitas de modo necessário ou privilegiado por meio da forma política e da forma jurídica – podem gerar, em casos extremos, a incapacidade do Estado em trabalhar com demandas que extrapolem a vazão de suas formas.

A forma política estatal, sendo autônoma em relação aos indivíduos, grupos e classes, assim o é apenas relativamente, porque espelha, estrutural e necessariamente, a própria reprodução capitalista. Não é pelas classes que o dominam, mas pela forma, que o Estado é capitalista. E – justamente por conta de sua forma – suas instituições e seus mecanismos de processamento das relações capitalistas são mutáveis e permeáveis de modos vários pela sociedade. As ações estatais são correias de transmissão e retransmissão das crises inexoráveis de acumulação do capitalismo. E, no limite, em casos extremos, a forma política estatal, que qualifica e filtra a ação social, pode se revelar totalmente disfuncional à manutenção da própria reprodução capitalista.

REFERÊNCIAS BIBLIOGRÁFICAS

Althusser (1985); Alves (1987); Artous (1999); Balibar (1975); Balibar (1995); Bercovici (2008); Boito (2007); Bonefeld (2005); Caldas (2015); Carnoy (1990); Clarke (1991); Codato e Perissinoto (2011); Dallari (2013); Foucault (2005); Heller (1968); Hirata (1980); Hirsch (1990); Hirsch (2007); Hirsch (2010); Holloway (2007); Holloway e Picciotto (1979); Jellinek (2005); Jessop (1996); Kelsen (1995); Laclau (1978); Marx (2008); Marx (2013); Mascaro (2012); Mascaro (2013); Mollo (2001); Mouffe (1996); Naves (2000); Naves (2008); Offe (1980); Offe (1984); Pachukanis (1988); Poulantzas (1971); Poulantzas (2000); Rubin (1980); Saad (2011); Sader (2014); Saes (1998); Salama (1980); Schmitt (2006); Thwaites Rey (2004); Thwaites Rey (2007); Tosel (1979); Žižek (2012).

2. Estado e sociedade

2.1. Estado e especificidade histórica

Tomada em sua história, a forma política estatal aparece ligada necessariamente ao capitalismo. Em extremo, poder-se-ia considerar que essa ligação se deve, numa hipótese, ao acaso ou, noutra hipótese, ao resultado de uma operação planejada e voluntária das classes burguesas. Quanto ao acaso, não se dá essa ocorrência: o estabelecimento do capitalismo e Estado é intrinsecamente pressuposto um ao outro em razão da dinâmica da forma mercantil e das relações de produção capitalistas. Quanto à criação por deliberação, também há ausência de fundamento. Não se pode atribuir às classes dominantes burguesas, ao se estabelecerem, um plano e um desejo de constituição de um aparato político específico para si. Nem na forma de denúncia de tal vontade, nem na forma de louvor – como foi o caso das teorias do contrato social – a instituição do Estado por vontade dos indivíduos se sustenta.

Não foi a partir de um plano voluntarioso da burguesia – nem da burguesia com as demais classes e grupos, num coletivo de indivíduos em contrato social – que se estruturou o Estado. Se há uma identidade histórica entre capitalismo e Estado, trata-se de uma relação mais complexa. É por conta da forma-valor, que encadeia uma série infinita de relações de troca de mercadoria e de exploração da força de trabalho mediante contrato, que se levanta a necessidade de que o poder político seja constituído como estranho aos próprios agentes da troca. A razão da vinculação entre Estado e capitalismo é menos voluntarista ou ocasional que estrutural.

Se é verdade que havia política antes do capitalismo, não havia, no entanto, forma política estatal. Tal separação é fundamental, na medida em que a forma de reprodução social na qual o político se aparta do econômico é específica do capitalismo. Figuras de poder político anteriores, que inclusive podem levar o nome de Estado e foram mesmo embriões do Estado contemporâneo, não operam nem se assentam sobre a forma política insigne da contemporaneidade. É um fato que a constituição do Estado no seio das relações sociais capitalistas não se fez criando um poder político onde antes não havia nada. Sobre muitas instituições políticas já existentes, num processo envolvido por contradições, marchas e refluxos, é que se instala, com o tempo, uma forma política tipicamente capitalista. O Estado moderno não pode ser confundido com outras formas de poder da história nem ser considerado como a única estrutura de dominação política possível às sociedades. A junção necessária e exclusiva da forma política estatal ao capitalismo não implica que somente este modo de produção tenha erigido um corpo de administração política. Se o capitalismo tem uma especificidade na forma política, os modos de produção anteriores, inespecificamente, também possuíam instituições políticas. Dos velhos aparelhos políticos à moderna forma de Estado, o processo é de ruptura, criação e reconfiguração de instituições políticas que se sucedem. É permeada por esse fluxo que se estabelece a forma política estatal, ímpar comparada às demais manifestações políticas que lhe antecederam por conta não de suas instituições, mas do tipo de relação de produção social.

Nas sociedades pré-capitalistas, o poder político e o poder econômico quase sempre são indistintos. No modo de produção escravista, a eventual relação entre os senhores gera uma ação política de arranjos instáveis, que varia em termos de envergadura e possibilidades conforme as especificidades de cada sociedade. Há aquelas mais vinculadas a um mando centralizado, de um grande senhor, como foi o caso egípcio, e há aquelas mais pulverizadas, que demandam uma interação política maior, como o caso das sociedades gregas e romanas. Mas, em todos esses povos, não se pode identificar o poder tampouco a administração compartilhada ou comum aos senhores como uma forma alheia e específica, terceira à relação entre senhores e escravos, independente e acima de suas vontades próprias. Condições particulares de mando senhorial compartilhado demandam uma espécie de ação política comum, mas sem uma forma institucionalizada e apartada dos próprios senhores. É somente o caso da política capitalista que estabelece tal separação.

Por essa razão, o que diferencia a política antiga da moderna é menos seu aspecto quantitativo que o qualitativo. Agrupamentos de senhores do passado poderiam, eventualmente, ter arranjos quantitativos até mais complexos – e mesmo um número de compartilhantes de tal poder maior – que muitas sociedades modernas. Mas estas separam a posição estrutural estatal dos interesses imediatos de cada indivíduo ou classe, tornando suas instituições políticas distintas em razão da forma, e não da quantidade de seus cidadãos ou suas massas. O Estado, para o capitalismo, é mais uma forma específica de uma determinada reprodução que, propriamente, um fenômeno devido à sociedade de massas ou ao grau de sua complexidade.

O caso exemplar do sistema político romano dá demonstrações do quanto a política antiga, ainda que se valendo de aparatos cujos nomes são até mesmo copiados pelo Estado moderno, difere formalmente deste. O Senado romano não é equivalente às atuais casas legislativas nem ao governo moderno. Trata-se de um clube dos senhores de Roma, cuja gestão não ultrapassa os limites da vontade destes, ainda que configurada por algumas praxes e variados acordos. Se na antiguidade há uma diferenciação entre a política geral e a vontade imediata dos senhores, ela se dá por conta de um circuito muito parcial de interação entre esses mesmos senhores, legitimando-se não pela subordinação senhorial à instituição, mas mais por conta do campo simbólico, mítico ou religioso. Por exemplo, invocando os deuses ou assumindo inspiração em mandatos divinos, o escopo declarado da política antiga se torna relativamente maior que o interesse pessoal. Mas a manutenção desse aparato só subsiste na função do imediato interesse senhorial. Se a declaração – seja em favor de uma finalidade maior que a do próprio senhor, seja pelos valores religiosos ou pela sacralidade divina – revela-se distinta do interesse imediato, a estrutura e a função não o são.

O fato de haver um aparato complexo entre os romanos revela que, nas sociedades de modo de produção escravagista, algumas alcançaram um largo grau de circulação de mercadorias. O sistema capitalista não cria a mercadoria; modifica, sim, qualitativamente, o circuito no qual as mercadorias se trocam, a ponto de lhe ensejar uma forma geral de reprodução, o que na antiguidade não havia. No passado, há mercadoria mas o trabalho não é mercadoria, é escravo. Assim, embora aparatos de controle da circulação de mercadorias já se desenvolvam, até de modo bastante complexo e refinado, eles continuam na dependência fundamental da forma de reprodução econômica escravagista. Não é da troca de mercadorias que se funda o cerne da razão econômica da política antiga. Se há aparatos políticos mais institucionalizados em Roma do que em outros povos do passado, em função direta da maior circulação mercantil, o capitalismo, na modernidade, não guardará comparação com Roma com base simplesmente num explosivo aumento quantitativo das relações mercantis. É mais que isso: somente quando a força de trabalho se tornar mercadoria é que o salto qualitativo há de se estabelecer e a mercadoria há de se tornar forma da reprodução social. É nessa transformação qualitativa que os aparatos políticos antigos deixam de ser o que são para se estruturarem mediante forma estatal.

Na Idade Média europeia, a natureza coincidente do poder político e do poder econômico é explícita. Os senhores feudais enfeixam em si os poderes sociais de tal modo que pouco restará a outras formas de mediação ou imposição social. Se há um forte papel da Igreja, este se dá em níveis não concorrentes com o poder econômico-político feudal. Por mais que o poder clerical seja forte, ele ocorre a partir da concordância dos senhores em submeter partes de seu domínio ao arbítrio e à regulação da Igreja. O aparato religioso, funcionando ideologicamente em favor das relações feudais, existe mais como região da vida social generalizadamente e tradicionalmente concedida pelos poderes feudais à Igreja do que como força automotriz.

O momento central e decisivo para a consolidação do poder político estatal capitalista é a Idade Moderna. Se a Idade Média é desconhecedora da forma política estatal e a Idade Contemporânea é plenamente assentada no Estado, a Idade Moderna é uma fase de transição. Pode-se enxergar nela o germe da forma política atual, embora nem todas as estruturas da reprodução econômica capitalista estejam presentes. Já há uma classe burguesa, há um circuito intenso de troca de mercadorias, mas há uma política absolutista, que respalda privilégios estamentais e está ainda jungida à Igreja. Trata-se de um processo conflituoso e contraditório, que revela, menos que um circuito político-social contínuo, lógico e estável, uma consolidação de instituições e padrões de poder a partir de movimentações sociais e de classes não necessariamente funcionais nem intencionais.

É na assunção do sistema geral de trabalho assalariado que se estabelecem então as bases da forma política estatal. Em parelho a essa alteração nas relações de produção, os contornos plenos do Estado somente se darão com as revoluções burguesas. Nesse ponto da história, cortam-se os últimos laços de concentração pessoal dos poderes na figura do rei e instauram-se os aparatos que tornam o Estado um terceiro necessário em relação aos indivíduos e às classes. Mas, se apenas na Idade Contemporânea o Estado se torna plenamente terceiro, completando a rede da reprodução social capitalista, a unificação de territórios e povos em torno de Estados já é, no entanto, anterior a essa fase. O surgimento dos Estados se dá com o final da Idade Média e o início da Idade Moderna. Populações inteiras, antes fragmentadas em cidades ou jungidas a feudos, passam a ser submetidas a um espaço de poder político comum. Por essa razão, a instalação da forma política estatal deve ser pensada, tal qual a consolidação da forma-mercadoria e da reprodução capitalista, como um processo. O Estado surge historicamente antes; a forma política estatal surge depois. O estabelecimento de unidades estatais se dá sobre as específicas relações do feudalismo em fragmentação. A forma política em definitivo, que dá identidade ao Estado como instância apartada dos indivíduos e das classes, surgirá com as revoluções burguesas. Por isso, mais intensamente no espaço da Idade Moderna, tanto o econômico interfere e reelabora o político e o jurídico quanto o contrário. A constituição do circuito geral de trocas, até chegar ao trabalho realmente abstrato, consolida a implantação de formas políticas e jurídicas, e estas, por sua vez, também constituem e reforçam as próprias relações econômicas capitalistas.

Tal processo de afirmação da forma política moderna é contraditório, na medida de suas marchas e contramarchas, e é, acima de tudo, transbordante dos marcos meramente internos de cada Estado, porque se assenta num específico modo de relação social geral. Os circuitos de troca mercantil e a reprodução do trabalho assalariado dão o ensejo ao espaço político estatal, dependendo profundamente deste para sua garantia e reprodução. Justamente pela dinâmica social capitalista, a força de valorização do valor é maior que a instituição de uma unidade política estatal isolada, inclusive em termos espaciais. Daí a forma política estatal surgir, historicamente, como um padrão comum a uma multiplicidade de Estados nas regiões de sua influência. Na transição entre Idade Média e Idade Moderna muitos espaços se unificam ou se reafirmam não mais como feudos, mas como Estados. Em tal processo, ainda, terras distantes são capturadas como posses de tais Estados, sendo declaradas suas colônias. O trato entre essas unidades políticas passa a ter por denominador comum a consideração recíproca a partir de qualificações estatais. O estabelecimento da unidade, do poder e das instituições estatais se dá numa dinâmica geral de um espaço maior que um Estado único, porque o processo de surgimento do capitalismo é mais amplo geograficamente.

Na transição entre Idade Moderna e Idade Contemporânea, a plena consolidação da forma política estatal, separada definitivamente de cada um dos burgueses e senhores da terra, também é um processo de imbricação recíproca e contágio rápido entre os Estados que compartilham do mesmo circuito econômico capitalista. Além disso, ligadas à dinâmica internacional do capital, patentemente desigual, e submetidas a uma convivência segundo os padrões econômicos e políticos impostos externamente, as regiões periféricas se atualizam politicamente de acordo com as mais avançadas formas estatais a que se submetem pela vivência política e pela submissão econômica. Nesse processo, não são incorporadas necessariamente todas as instituições dos Estados centrais do capitalismo, mas estas se atualizam para as funções necessárias às relações de vasos comunicantes interestatais, ao menos no que tange à circulação geral do valor. Técnicas como a do reconhecimento jurídico formal e soberano entre Estados, tratos de diplomacia e resguardo ao capital externo investido e aos contratos internacionais são tornadas universais, fazendo com que domínios políticos, ainda que atrasados, revistam-se de algumas formas e funções mínimas necessárias à dinâmica internacional do capital.

No balanço de sua especificidade histórica, depreende-se que o nexo entre capitalismo e Estado é estrutural. A generalização das relações sociais constituídas mediante forma-mercadoria demanda uma forma política apartada dos próprios portadores e trocadores de tais mercadorias – a principal delas, a força de trabalho mediante salariado. O Estado se consolida como o ente terceiro, garante e necessário da dinâmica do capitalismo. Em face dos indivíduos e suas interações, que passam a identificar a "vida privada", o Estado se inscreve como distinto: "público".

Em termos históricos, a especificidade do Estado não representa, necessariamente, originalidade de aparatos, instituições ou funções, mas sim de forma, fincando-se como uma das estruturas no seio de totalidades de relações sociais capitalistas. Por isso, não é apenas a simples existência de um aparato político maior que as partes que identifica historicamente a forma política estatal. Tais aparatos existiram em muitos momentos da história, mas eram inespecíficos. Se os senhores de escravos da antiguidade, como no caso de Roma, a fim de articular alguns interesses em comum, podiam lançar mão de aparelhos políticos que até fossem considerados imbuídos de tarefas maiores que o interesse imediato de cada qual, essas protomanifestações estatais, no entanto, carecem de um elemento central na sua determinação política: a forma política estruturalmente apartada dos agentes da produção. Não há conexão entre as formas sociais de domínio direto e total do nível econômico e político com os aparelhos que eventualmente operam uma gestão de tal bloco indistinto de poder e exploração.

Em povos de modo de produção escravagista ou de modo de produção asiático (em menor caso – ou em nível simbólico –, no modo de produção feudal) houve aparatos políticos que puderam, em alguns casos, ser até mesmo fortes e de alto poder coercitivo. Tais aparatos, no entanto, só indevidamente poderiam ser associados ao Estado, tomado na sua especificidade capitalista. O que pode haver de contínua semelhança entre os aparatos políticos antigos e o Estado capitalista é, eventualmente, apenas a aparelhagem. De modo errôneo, os funcionários dos senhores de escravo e feudais e dos reis costumam ser assemelhados à burocracia do Estado atual, assim como as masmorras do passado, ao sistema prisional de hoje. No entanto, a posição estrutural desse aparato e de suas instituições não se dá de modo igual à do Estado contemporâneo. No caso anterior, o aparato existe como extensão ocasional ou meramente funcional da administração direta do senhorio. No caso atual, o aparato existe devido a uma necessidade estrutural do sistema de trocas. A reprodução social necessita estruturalmente da forma política separada de todos os agentes privados da produção. No passado, a aparelhagem "pública" advinha somente da vontade e da estabilidade dos interesses dos próprios senhores. Não era dada aos explorados e aos escravos a possibilidade de referência ou articulação em face do Estado. No presente, a forma-mercadoria, que estrutura a forma política estatal, está tecida em relações que são lastros, inexoravelmente, tanto ao capitalista quanto ao trabalhador assalariado, explorado. Por isso o Estado é uma forma que se apresenta para todos, porque todos, para a exploração, são constituídos e tornados iguais para as trocas – e, por extensão também, para a penetração de suas vontades no plano formal no Estado.

A eventual similitude de aparatos, aparelhos e instituições – ou de suas funções ou de suas nomenclaturas – não estabelece uma continuidade entre os antigos sistemas de mando político e o moderno Estado, de tal sorte que isso viesse a negar a especificidade histórica do Estado. Se essa continuidade em muitos casos até existe – o Estado moderno se planta em algumas instituições já estabelecidas, reconfigurando-as –, a sua articulação estrutural, no entanto, é radicalmente distinta. O Estado se materializa em instituições, mas a partir de uma forma e de uma estrutura específica resultantes da reprodução da totalidade social – do valor, da mercadoria, do capital e do trabalho assalariado. É só nesse específico emaranhado de estrutura e forma de reprodução social que o aparato político é terceiro e necessário em relação a todos os exploradores, explorados, grupos sociais e indivíduos. O aparato antigo é "Estado" dos senhores. O aparato moderno é Estado sobre todos.

É porque as sociedades escravagistas e feudais se instituem em dinâmicas de domínio social direto, concentrando tanto a exploração econômica quanto o poder político nas mãos dos próprios senhores, que os aparelhos políticos não se destacam nem se isolam do controle próximo da sorte senhorial. Se há força e articulação em tal aparato político "público", elas se devem a uma virtude funcional na rede do próprio estabelecimento e da dinâmica do escravagismo. No capitalismo, a função resulta da estrutura da reprodução social na qual estão mergulhados tanto exploradores quanto explorados. Por isso as formas políticas antigas são ou a extensão burocrática do soberano ou a articulação funcional dos senhores, sendo, neste caso, menos "Estado" e mais "clube" de encontro das vontades senhoriais. Mas, distinta de eventuais instituições ou nomenclaturas comuns, a forma política estatal será, inexoravelmente, específica do capitalismo.

2.2. Estado e luta de classes

No capitalismo, o campo do político é constituído como necessariamente afastado dos agentes que portam e transacionam mercadorias, seja o capital ou o trabalho assalariado. A proeminência dos vínculos sociais individualizados, com a igualdade jurídica e a liberdade contratual entre exploradores e explorados, demanda que as instituições políticas sejam formalmente distintas de todos os indivíduos ou classes. No entanto, se o Estado é um terceiro necessário em relação aos indivíduos, isso não quer dizer que seja uma entidade indiferente no seio da vida social. É justamente ao se afirmar como um poder terceiro que o Estado exerce papel decisivo na reprodução da própria dinâmica do capitalismo.

Diferentemente das visões tradicionais, que acusam o Estado de ter um caráter burguês porque o domínio de suas instituições está supostamente sendo feito por agentes ou representantes do interesse burguês, o Estado é capitalista porque sua forma estrutura as relações de reprodução do capital. Por isso, deve-se entender a ligação entre Estado e capitalismo como intrínseca não por razão de um domínio imediato do aparelho estatal pela classe burguesa, mas sim por razões estruturais. Em vez de se apresentar como um instrumento político neutro, então ocasionalmente dominado pelas classes burguesas, o Estado é um elemento necessário nas estruturas da reprodução capitalista. Como a forma política estatal é inexorável e específica do modo de produção capitalista, carecem de fundamento as visões que compreendem o Estado como um ente de natureza meramente técnica e indiferente às classes que o controlam, que esteja circunstancialmente sob domínio burguês em sociedades burguesas. A própria forma política estatal, por distinta dos indivíduos, grupos ou classes, erige-se de modo a se apartar da captura imediata por classes determinadas – o que, é verdade, não a exclui em certas situações excepcionais. Mas as eventuais alterações das classes que mais diretamente dominam o Estado e suas instituições não abolem a forma política estatal e, por meio dela, a continuidade da reprodução capitalista.

A dinâmica das lutas entre as classes, grupos e indivíduos se apresenta politicamente, no capitalismo, perpassada sempre pela forma estatal. Trata-se de um processo de dupla implicação. Se a luta de classes é conformada pelo Estado, este por sua vez está também enraizado nas contradições e disputas múltiplas das sociedades capitalistas. A forma política estatal, no entanto, não é um molde surgido de quaisquer dinâmicas de lutas de classes. É apenas no tipo específico de luta de classes capitalistas que a forma política estatal exsurge. Nas sociedades capitalistas, atravessadas pela dinâmica da forma-valor, a forma política estatal se apresenta como derivação necessária de suas relações sociais e, além disso, a luta de classes perpassa tanto o próprio cerne da exploração da força de trabalho pelo capital quanto a própria vida política. Se no nível econômico dá-se o cerne da luta de classes, ela se localiza também no nível político, seja porque o político é forma derivada das formas sociais que também constituem a luta de classes, seja porque esta é reconformada e refigurada pelo político. O Estado não é a forma de extinção das lutas em favor de uma classe, mas sim de manutenção dinâmica e constante da contradição entre classes. Sua forma política não é resolutória das contradições internas do tecido social capitalista, sendo, antes, a própria forma de sua manifestação, constituindo alguns de seus termos e mesmo de seus processos mais importantes. Assim, não se há de pensar na forma política estatal e na luta de classes como dois polos distintos ou excludentes num mesmo todo social. Na mesma dinâmica da luta de classes capitalista estabeleceu-se a forma política estatal.

A luta de classes é tanto o seio no qual brota a forma política quanto o alvo da própria institucionalização estatal. Trata-se de um processo contínuo de constituições sociais e interferências recíprocas. No capitalismo, a separação entre os produtores e os possuidores dos meios de produção, forjando classes sociais distintas – trabalhadores assalariados e burgueses –, está na origem estrutural de formas sociais que configuram a dinâmica de tal reprodução social. A mesma origem formal e estrutural da luta de classes se reflete na específica forma política do capitalismo, estatal. Por sua vez, o Estado reconstitui a própria luta de classes e é, também, reconstituído por esta. Num exemplo, o movimento proletário gera frentes de trabalhadores que, pressionando o Estado por demandas específicas, passam a ser por este reconhecidas na forma de sindicatos oficializados juridicamente. A luta de classes modifica o Estado e, vice-versa, a forma política estatal a condiciona. Tanto a luta de classes está nas entranhas das formas econômicas do capitalismo quanto da forma política que lhe é própria. E, também, tanto as formas econômicas quanto as políticas do capitalismo reconfiguram os termos da luta de classes.

Não se pode considerar o Estado como mero comitê gestor dos interesses imediatos da burguesia. Sua própria forma política se erige como poder distinto da imediatitude dos domínios de classes, grupos ou indivíduos. Claro está que a dinâmica social passa pela influência ou mesmo pela tentativa de captura de todo o aparato estatal ou de suas instituições específicas por classes ou grupos. Tal injunção revela as situações históricas específicas ou, até mesmo, os padrões médios reiterados de posicionamento do Estado perante o todo social. Mas, para além do estudo das injunções ocasionais ou resistentes, é a forma específica do político que esclarece sua posição estrutural geral. Se o Estado é burguês, isto tem causas muito mais profundas do que simplesmente a eventual captura de seu aparato pela burguesia: a existência da forma política estatal é índice necessário da reprodução capitalista.

Nas relações sociais capitalistas, as contradições advindas das lutas de classes são constantemente reconformadas pela política estatal. Por isso, em dinâmicas históricas paulatinas e variáveis, o processo de luta de classes vai se talhando socialmente como constrição à forma, tal qual aponta Joachim Hirsch. Das lutas no chão da fábrica quando da industrialização às demandas de direito sindical nos tribunais, é intensa, conflituosa e constante a relação entre Estado e luta de classes, com os seus termos se influenciando reciprocamente. Entre o político e o econômico não se estabelece uma derivação lógica, mas, sim, uma derivação efetiva e concreta deste para aquele: a partir das formas sociais do capitalismo, dá-se, entre tais esferas, uma imbricação necessária, numa relação que é contraditória e atravessada pelas lutas de classes.

As lutas de classes são constantemente jungidas à constrição da forma política estatal e a dinâmica do capitalismo absorve, em suas formas sociais, a maior parte dos antagonismos sociais. Além de classes, as lutas e as postulações de grupos e indivíduos também são constritas à forma política já estabelecida. Com isso, via de regra, o conflito social se desenvolve mediante formas da própria reprodução social contínua do capital. Apenas em situações extremas das contradições, os termos da forma política estatal podem se revelar insuficientes. É justamente em tal antagonismo-limite que se vislumbra que as próprias condições políticas do capitalismo não são imunes a transformações revolucionárias que venham a extingui-las, nem suas formas sociais são eternas.

Se o próprio Estado é distinto dos interesses e domínios imediatos como forma de sustentar a reprodução capitalista, isto não quer dizer que tenha plena inteligência sobre tal tampouco total capacidade de administrar – como sujeito dirigente, mentor ou promotor "geral" – a continuidade de tal reprodução. Por isso a luta de classes, se é constantemente reconfigurada pelo Estado, não é totalmente esculpida nos termos de uma conservação ideal ou geral do sistema. Os conflitos sociais engendram crises das mais variadas amplitudes, reconstituindo as próprias posições das classes em luta e sua relação com o Estado.

Tanto o Estado não é um gestor onisciente do capitalismo quanto as classes sociais não são, imediatamente, as melhores gestoras de seus próprios interesses. Classes e grupos, na reprodução capitalista, têm, em desfavor de sua autocompreensão estratégica, a natureza de sua própria constituição ideológica, que é talhada, estruturalmente, de forma externa a si próprios. Além disso, o tipo de sociabilidade capitalista faz com que os vínculos relacionais de seus membros sejam individuais, atomizados e imediatos. Tal subjetivação, que é própria da economia capitalista, é reforçada pela forma política estatal, que fragmenta as classes e grupos em cidadãos. Daí que as lutas de classes, sob o capitalismo, não se fazem apenas como confrontos sociais diretos, mas, quase sempre, se apresentam como configuradas a partir dos termos postos ou pela forma econômica – a anarquia do interesse subjetivo de indivíduos livres e iguais – ou pela forma política – direitos subjetivos, acesso político por meio do direito eleitoral, organização sindical etc.

Justamente porque não se trata de um processo linear nem onisciente, a luta de classes se imbrica necessariamente na forma política estatal por meio de um processo conflituoso de influências recíprocas. É por causa da própria especificidade do apartamento entre as instituições políticas e as classes que estas encontram no Estado menos um ente moral de sua conservação e mais um garante formal da dinâmica da reprodução do capital. Também pela especificidade desse apartamento, uma classe, um grupo ou mesmo um indivíduo tem dificuldade em sustentar um constante domínio direto do Estado, na medida em que nele a reprodução social capitalista necessita encontrar sempre uma forma que seja distinta de todos os capitalistas e trabalhadores e demais membros de uma sociedade.

É certo que as lutas de classes, reconfiguradas pela forma política, fazem-se, de modo cotidiano ou reiterado, como lutas por influência ou posição de domínio no seio das próprias instituições estatais. Mas, como a forma política e as formas econômicas do capitalismo não são entidades suprassociais, elas estão na dependência direta das relações, dinâmicas, embates, conflitos e contradições entre as classes. É por isso que, no extremo, a manutenção das formas capitalistas em face da luta de classes pode se apresentar totalmente disfuncional e incapaz de manter os eixos de sustentação de sua dinâmica social. A partir da relação entre forma, estrutura e luta de classes pode-se depreender que, às classes trabalhadoras – cujas demandas são formalmente processadas pelo Estado por meio de direitos subjetivos –, graus extremos de contradição, luta ou crise podem vir a propiciar a superação das próprias formas econômicas e políticas que as jungem ao capital.

As diversas estruturações, configurações e funções que o Estado assume nas sociedades capitalistas se explicam a partir dessa dinâmica da luta de classes. À exceção de crises extremas, que ponham em xeque a própria reprodução do capital e a manutenção da forma política estatal, de modo geral o Estado já se institui para sustentar a luta de classes em seu interior e para sempre configurar tal luta a partir de termos políticos. Pela própria forma estatal, há uma tensão constante por constituir as lutas de classes de acordo com os parâmetros políticos. Mas, em se tratando de uma totalidade social conflituosa, de classes, grupos e indivíduos necessariamente antagônicos entre si, as relações intersociais no capitalismo nunca são plenamente funcionais à forma.

2.3. Fenômeno político e tecido social

Tratando-se de um complexo de relações sociais, o Estado não pode ser pensado como um aparato apenas instrumental, possuído por uma classe contra outra. A assim se imaginar, o Estado seria uma estrutura neutra e passiva, indistinta às específicas dinâmicas sociais e à disposição de quaisquer formas de interação. Ocorre o contrário. O Estado, como forma específica do tipo de socialização capitalista, nessa rede de interações, entrecruza-se com todas as demais relações sociais e, em face delas, é constituído e constitui. Se o tecido social capitalista corresponde a específicas dinâmicas econômicas, também está atrelado a necessárias estruturas jurídicas e políticas que lhe são correlatas. Por isso, ao contrário de enxergar no aparato estatal uma autonomia que pareça apartada da sociedade, em verdade o Estado está nela mergulhado, de modo ao mesmo tempo derivado e ativo.

A sua própria constituição como elemento terceiro da relação entre capital e trabalho faz com que o Estado não se estabeleça simplesmente como comitê de uma classe contra outra. Não é porque uma classe controla o Estado que um poder se abre imediatamente em seu total favor e imediatamente em desfavor total das demais classes. O processo de dominação social capitalista é complexo, necessariamente atravessado por formas sociais. Não se identificando apenas à função de poder que assume, mas fundada em objetivações sociais que estão além de sua autonomia, a forma estatal é derivada da forma mercantil e nesse contexto estabelece suas estruturas. Por isso, não é o domínio total e indiferente dos capitalistas nem pode, por via reversa, servir como redenção aos trabalhadores. A forma estatal é justamente alheia aos interesses imediatos dos grupos como modo necessário da reprodução social do próprio capitalismo. O Estado não é domínio dos capitalistas; menos e mais que isso: o Estado é a forma política do capitalismo.

A localização do fenômeno político no todo social capitalista esparrama-se por uma geografia complexa. O Estado é atravessado por contradições políticas variadas. Sua administração apresenta, muitas vezes, horizontes conflituosos no que tange às suas diretrizes últimas. Capital e trabalho se fazem representar, ambos, dentro do Estado e nos aparatos que lhe são próximos. Não há poder político totalmente indiferente aos trabalhadores, mas tampouco há aquele que lhe possa ser estruturalmente libertador, porque não há poder político indiferente ao capital. E, além das contradições inerentes que porta como terceiro da relação entre capital e trabalho, o Estado também está mergulhado em diversas outras redes de poder social, como no caso das relações de patriarcado, raça, crença etc. É justamente o seu caráter não binário, mas, sim, de específica objetivação a partir da qual se condensam relações sociais mergulhadas em rede, que permite a sua relativa identidade própria como forma terceira em relação à dinâmica social total e, também, a sua capacidade de reconstituição de todo o tecido social a partir dessa sua forma específica.

A sociedade capitalista é fundada na separação entre os possuidores dos meios de produção e a massa de trabalhadores. Estes, de modo compulsório, vendem-se individualmente ao capital, em troca de salário. A dinâmica das classes, nas sociedades capitalistas, reveste-se da peculiar condição de ser fundada, no microcosmo, em vínculos individuais. Por tal razão, é em torno do indivíduo que se desenvolve a maior aparelhagem de constituição estrutural das relações sociais capitalistas. Burgueses e trabalhadores são equiparados juridicamente, tornados iguais e livres para a possibilidade de trocas e acordos interpessoais, e sua disposição de vontade é tida por autônoma. O núcleo atomizado do indivíduo, além de ponto de apoio constituidor, é, também, constituído a partir das relações capitalistas.

O tecido social, portanto, funda-se numa distinção profunda de classe – capital e trabalho – e, ao mesmo tempo, numa operacionalidade atomizada, com base na aparelhagem que constitui o moderno sujeito de direito. A própria dinâmica econômica institui e reforça a ação social a partir da orientação individual, mas também o Estado tem papel fundamental no embaralhamento dos delineamentos de classe em favor da atomização dos indivíduos. Nem todos os Estados no capitalismo, historicamente, deram reconhecimento jurídico a entidades de classe ou grupo, como os sindicatos. No entanto, de modo geral, os Estados de sociedades capitalistas constituem parcelas majoritárias da população como sujeitos de direito. O indivíduo é a pedra de toque estrutural do tecido social capitalista, e isso se faz também por meio necessário da ação estatal. Contudo, mesmo quando o Estado reconhece formalmente figuras maiores que o indivíduo, como os sindicatos, persistem ainda os procedimentos de ligação individual entre capitalista e trabalhador, privilegiando as demandas no campo jurídico que estejam vinculadas às lutas por majoração de direitos em vínculos atomizados. Além disso, até no plano das figuras jurídicas orgânicas a forma pela qual o Estado estabelece a relação jurídica se dá sempre em termos de pessoas – sindicatos e associações só são aceitos como pessoas jurídicas, perpassados por direitos e deveres. Assim, a política e o direito impõem à luta de classes a disputa constante segundo os exatos termos gerais das formas sociais da cadeia da valorização do valor.

Se o Estado pasteuriza formalmente as classes em favor da atomização individual, isto não quer dizer que acabe com a diferença de classes nem que a ignore. A própria institucionalização do indivíduo sujeito de direito em desfavor do reconhecimento das classes é uma política de supremacia das classes burguesas para cima das classes trabalhadoras. O reconhecimento jurídico de grupos e sindicatos, por sua vez, faz por acolher, nos termos e quadrantes controlados pelo próprio Estado, a luta de classes. Além disso, os instrumentos típicos de repressão possibilitam ao Estado o controle do transbordo da luta dos indivíduos, grupos e classes do plano da forma jurídica para a luta aberta de classes, evitando, por meio da violência, tal passagem. A dinâmica de classes perpassa estruturalmente a ação estatal, ainda que esta formalmente não a reconheça ou busque embaralhá-la nos entremeios do privilégio à ação individual. As classes, assim, lutam para configurar o Estado, mas são elas próprias reconfiguradas por ele.

A mesma dinâmica de constituição e configuração dos indivíduos e classes por meio de relações estruturais capitalistas e estatais se dá também no que tange aos grupos sociais. Como as economias capitalistas e os Estados se assentam sobre tecidos sociais preexistentes, nessas redes já enraizadas historicamente, instituições sociais encontram-se estabelecidas e hábitos, valores, preconceitos, dispositivos sociais, táticas e técnicas de controle e sujeição já se encontram dados. O Estado reconfigura todo esse complexo tecido social, reconstituindo a dinâmica de indivíduos, grupos e classes a partir da constrição da forma.

Se os indivíduos e as classes são, em alguma proporção, um produto das relações políticas do capitalismo, também a miríade dos grupos sociais o é. Até mesmo o reconhecimento e a identidade dos grupos sociais passam por mecanismos de formalização estatais. É por conta de nexos estruturais, que também são estatais, que se levantam noções nitidamente políticas de nacional e estrangeiro, ordeiro e baderneiro, benquisto e indesejado, amigo e inimigo, além daquelas que parecem pertencer ao plano natural ou até mesmo biológico, como as noções de homem e mulher, sexo normal e desviante, raça pura e impura, sangue tolerado ou perseguido. Para todos os complexos das redes da sociedade capitalista, não se pode pensar que tenha havido uma simples transposição de dados naturais para a política. O Estado, se é verdade que se finca em tecidos sociais já existentes, ao mesmo tempo reelabora e reconstitui a todos, ensejando outros. Seu papel de constituição e coerção é tamanho que o dado social por ele elaborado é muitas vezes compreendido pela sociedade como natural.

As noções de nacional e estrangeiro são tipicamente políticas, porque dependentes de marcos dados pelo próprio Estado. Também política é a identificação de grupos internos ao território, em geral objetos de violenta repressão – como os movimentos socialistas e de trabalhadores na história dos séculos recentes. Ocorre que tal processo é de múltipla implicação. Até mesmo a identificação dos grupos constituídos politicamente se lava também em outras águas do tecido social. O socialista é da mesma forma alijado pelos juízos da religião, para a qual é baderneiro e contra Deus. O estrangeiro é estigmatizado pelos padrões de julgamento popular do que é civilizado – mesmo se o direito não pode diferenciá-los, há, segundo a compreensão arraigada nas sociedades, grupos imigrantes totalmente diferentes, pois uns advêm de países cristãos, outros de países árabes, por exemplo, variando o que se reputa por padrão esperado de acordo com as sociedades receptoras. O migrante, oriundo de regiões mais pobres do próprio país, é discriminado por conta de preconceitos linguísticos, educacionais ou mesmo por conta de juízos de etiqueta, reveladores, todos, de arraigados preconceitos sociais. Se é verdade que o Estado se funda em tais preconceitos, ele, então, os opera de modo reconstituído. Ao criminalizar o racismo explícito, o Estado legitima o preconceito implícito. E, em casos extremos, é o próprio Estado quem legitima e estimula ódios seletivos.

No que tange à raça, a ação estatal apenas parece se plantar em dados de origem biológica. Ocorre que toda narrativa de raça é uma reconstrução político-social em torno do sangue ou da pele. De algum modo, revela, inclusive, um padrão de preconceito que vai imanente com as noções de respeito e admiração ao capital. Um inglês, um alemão ou um norte-americano são considerados civilizados porque em seus países há riqueza do capital. O juízo sobre a raça e mesmo sobre a civilidade do grupo social é de algum modo parelho ao fetiche da riqueza. Povos do norte da Europa são considerados oriundos de raças mais puras e historicamente mais evoluídas que os peruanos e bolivianos não porque no passado os incas fossem de pior engenho e cultura civilizacional comparados aos bárbaros europeus, mas porque o poderio capitalista dos europeus hoje é maior que o dos latino-americanos. O povo chinês, ao enriquecer, passa a ser respeitado e considerado agradável no imaginário de povos ocidentais que, há muito pouco tempo, preconceituosamente, consideravam-no indesejável.

Se são condições sociais ligadas à dinâmica do próprio capitalismo que estabelecem juízos a respeito de grupos sociais, também os Estados interferem diretamente nessa paleta de gostos e preconceitos. Como as guerras estatais para a expansão territorial envolvem fronteiras, então o país vizinho é objeto de rixas maiores que um país alheio e distante. Não é de uma pretensa rivalidade entre povos vizinhos que os Estados extraem políticas de guerra e segregação de fronteira. São, justamente, as recíprocas e reiteradas competições das ações estatais que constituíram a rivalidade. É o Estado que dá identidade ao povo se lhe está submetido e, por consequência, ao estrangeiro.

Em países de racismo não contra estrangeiros, mas contra parcelas amplas do próprio povo, também a noção de raça privilegiada é diretamente oriunda das estruturas das relações sociais capitalistas. Nos povos da América, os negros e os índios foram e são alvo de preconceito social e estatal. Não se trata apenas de um acaso, mas, sim, do fato de que as classes burguesas são descendentes dos povos colonizadores europeus, que são brancos, e os índios e os negros foram por séculos escravos. Os aparatos políticos dos Estados americanos se instalaram justamente para a proteção do capital do branco e a perseguição e subjugação das massas escravas e trabalhadoras. A empresa capitalista no novo mundo – separando e distinguindo o capital branco do trabalho negro e índio – é responsável pela instalação dos seus específicos dispositivos políticos de preconceito e racismo.

No mais íntimo do tecido social, também o Estado não é mero continuador de preconceitos e distinções naturais ou biológicas. A noção de homem e mulher é retrabalhada no capitalismo. O patriarcalismo adquire contextos específicos na dinâmica entre capital e trabalho. Os grupos sociais tradicionais – como a parentela – são dissolvidos em favor de um núcleo familiar plantado na vinculação entre homem e mulher. Em sociedades nas quais a vida depende da posse de bens que são adquiridos no mercado, é a centralização do papel do assalariado nas mãos do homem que forja o moderno patriarcado. O machismo vai de par com o capitalismo. Há um liame necessário entre a forma mercantil e a forma da família monogâmica heterossexual reprodutora. A forma política se põe a complementar, em tal caso, a dinâmica das formas. Os padrões sociais que sejam distintos do casamento monogâmico heterossexual são tanto repudiados socialmente quanto juridicamente. Com base também num emparelhamento com a repressão política, as religiões estabelecem a noção "divina" de família e a sociedade circula a noção "natural" do que espera de seus vínculos. A política contemporânea quanto à própria identidade de gênero, no caso de transexuais, por exemplo, revela uma constante operacionalidade estatal na qualificação da identificação do que se considera, falsamente, apenas biológico-natural.

A sorte das minorias, nas sociedades capitalistas, deve ser tida não apenas como replique, no mundo atual, das velhas operações de preconceito e identidade, mas como política estatal deliberada de instituição de relações estruturais e funcionais na dinâmica do capital. Por isso o capitalismo é machista, homofóbico, racista e discriminador dos deficientes e dos indesejáveis. O capital é historicamente concentrado nas mãos dos homens, cabendo à mulher o papel estrutural de guardadora do núcleo familiar responsável pelas mínimas condições de existência do trabalhador e de reprodução da mão de obra. As relações de gênero são estruturadas pela dinâmica das classes e do capital. A homofobia é uma técnica de contenção, controle e direcionamento dos prazeres e de apoderamento relativo de grupos, alimentando ainda o patriarcado. A noção de raça superior está em conexão direta com a posse do capital ou com a depreciação do concorrente. A deficiência é considerada disfuncional e a feiura é indesejada no mercado que permeia os corpos.

O Estado se planta no tecido social, recebendo o passado em sua complexidade e suas profundas contradições, mas não toma a si tal legado de modo passivo. É justamente na reconfiguração das identidades, dos controles, dos saberes e das disciplinas das classes, dos grupos, das minorias e dos indivíduos que o Estado conforma o tecido social.

2.4. O Estado ampliado

O fenômeno político no capitalismo se concentra no Estado, mas não se pode considerar que a estrutura estatal seja limitada apenas pelos contornos daquilo que estabelece a sua definição jurídica. O Estado se encontra aglutinado, estrutural, formal e funcionalmente, a muitas instituições sociais que lhe são íntimas. A alta conexão entre o Estado e tais instituições sociais permite compreender a política contemporânea, no tecido social capitalista, como um Estado ampliado.

O Estado está intimamente conexo com o todo social de dois modos. No campo estrutural, ele é um dos momentos necessários da própria reprodução capitalista. A troca de mercadorias entre indivíduos, a exploração da força de trabalho mediante salariado pelo capital e a garantia deste se fazem não suplementarmente pelo Estado, mas estruturalmente. Assim, o Estado só pode ser compreendido no contexto geral da totalidade capitalista. Mas, além de se apresentar como forma política da dinâmica do capital, o Estado aglutina instituições sociais que lhe são intimamente conexas. Se é certo que se pode vislumbrar um acoplamento recíproco entre o Estado e tais instituições sociais, a causa profunda dessa imediata vinculação está na própria forma de reprodução da sociedade capitalista. Ao contrário de uma explicação causal de tipo instrumental ou funcional – como se se dissesse que o Estado se interessasse por tais instituições em benefício de um plano deliberado de domínio de uma classe ou, de outro lado, porque ambos se acoplam sem nenhuma razão outra que não seja o próprio acaso da dependência funcional –, deve-se entender que o fundamento do Estado ampliado, aglutinado a uma série de instituições sociais, é estrutural, na medida em que a forma-mercadoria e a luta de classes permeiam a totalidade da sociabilidade. Ainda que de modo contraditório e perpassado por crise, a dinâmica social capitalista estabelece tanto a forma política estatal quanto uma conexão direta desta com instituições sociais que dela brotam ou são reelaboradas em razão da própria reprodução do capital. A inexistência de tal aparato geral conexo causa fragilidades estruturais ao próprio Estado – no limite, inviabiliza sua afirmação material. Daí, aparelhos e instituições sociais concretos se agrupam, funcionalmente, na constituição de um Estado ampliado. Pode-se vislumbrar a história dessa ampliação do Estado, também e em alguma medida, como a aglutinação de aparelhos materiais distintos em uma mesma órbita funcional ou, mais a fundo ainda, em uma mesma estrutura de reprodução social. A coerção geral das formas opera nessa ampliação do Estado – ou, a depender, nessa aglutinação de materialidades sociais em torno do Estado – dando base à própria dinâmica de reprodução capitalista.

A compreensão marxista a respeito do Estado, no século XX, não se bastou em estabelecer o contorno do aparato político no limite afirmado pelo direito. Dentre as teorias a respeito do Estado ampliado, destacam-se as noções de hegemonia, proposta por Antonio Gramsci, e de aparelhos ideológicos de Estado, formulada por Louis Althusser. Em ambas – de modos distintos mas alcançando, neste ponto, o fundamental –, o Estado é expandido para além de sua definição normativa ou do núcleo governamental-administrativo que tradicionalmente o identifica. No tecido social, há regiões que se aglutinam como ideologicamente estatais, estrutural ou funcionalmente. Em tais regiões, há práticas sociais constituídas, reguladas, talhadas, ensejadas, operacionalizadas ou controladas pelo Estado. Ainda que sejam efetivadas por indivíduos, grupos e classes – naquilo que o direito convenciona chamar por campo privado –, entrelaçam-se ao núcleo político estatal de tal sorte que acabam por constituir um grande espaço do Estado ampliado. A constituição da totalidade social capitalista opera, por meio das suas formas, a objetivação de práticas e relações sociais, que se aglutinam, de modo repressivo e ideológico, ao poder estatal. Trata-se de uma conjugação conflituosa e contraditória, na medida dos antagonismos múltiplos entre classes, grupos e indivíduos e, ainda, dentro do próprio Estado e na variada relação do Estado com a miríade dos agentes sociais. Tal ampliação da estruturação do Estado é uma dinâmica que se estabelece no mesmo sentido das próprias formas de reprodução da exploração capitalista: de modo conflituoso, perpassado pelas lutas de classes.

O Estado se enreda em práticas materiais de repressão e de constituição ideológica. Por meio destas últimas, funções necessárias à reprodução das relações sociais capitalistas se estabelecem. A prevalência de uma classe na exploração econômica e no domínio político não pode se bastar apenas na repressão estatal, mas principalmente na vivificação ideológica, por toda a sociedade, de seus valores, de sua inteligibilidade operacional e de sua forma de reprodução social. Mas tal incidência ideológica não é uma imposição direta de uma classe sobre outra. Justamente porque o capitalismo se assenta sobre relações sociais antagônicas, de indivíduos em concorrência, a dinâmica das classes reserva ao Estado o papel primordial de ofertar condições amplas de garantia das próprias relações de produção, não só no plano da infraestrutura mas também da própria constituição ideológica. Assim, o sistema educacional prepara, separa, direciona e instrumentaliza os indivíduos para funções correspondentes na divisão social do trabalho, alimentando a clivagem de classes. A família estabelece em seu seio a unidade primordial para a sustentação das mínimas condições existenciais do trabalhador e, ainda, a reprodução geracional da própria força de trabalho. Além desses, religiões, sindicatos, meios de comunicação de massa e sistemas culturais e valorativos agem em amplas regiões do todo social que são vitais para o processo de produção e reprodução social.

Chamam-se por aparelhos ideológicos tais núcleos da sociabilidade porque eles são materializações de práticas e relações reiteradas de indivíduos, grupos e classes, alcançando, a partir de sua efetivação, um peso intelectivo e valorativo geral. Esses variados aparelhos, que trabalham eminentemente no nível ideológico, constituindo subjetividades e relações sociais, também operam, em grau menor, no plano repressivo – sanções sociais, morais e religiosas, por exemplo –, mas seu papel é bem mais o de instaurar as positividades da reprodução social. Eles se estabelecem em conjunto com outros aparelhos estatais notoriamente repressivos mas também, em grau menor, ideológicos – como as forças armadas, as polícias etc. Os aparelhos repressivos, nas sociedades capitalistas, dada a separação do poder político em face das classes econômicas, são praticamente concentrados em mãos estatais. Já os aparelhos ideológicos perpassam tanto o Estado, naquele núcleo pelo qual é tradicional e juridicamente identificado, como também se esparramam por regiões do plano político não imediatamente estatais. No entanto, como são plexos sociais que corroboram para permitir a própria reprodução social geral e a do Estado em específico, e por este são, de variados modos, parcialmente controlados – são tomados como aparelhos ideológicos de Estado (AIE) – no sentido pelo qual Althusser os considera.

Tal como os aparelhos repressivos se sustentam em forças materiais, como as armas ou os encarceramentos, há também uma materialidade nos aparelhos ideológicos, de sorte que não são apenas falsas consciências ou ideias extravagantes ao todo social nem, ainda, simples emanações ocasionais de deliberações estatais, mas, sim, práticas efetivas, enraizadas em relações sociais concretas. Tais práticas sociais se estruturam a partir das necessidades da dinâmica das próprias relações de produção. São elas que individualizam, separam, constituem, chancelam, insculpem valores, repressões e desejos. O Estado assume um papel necessário em tal processo, na medida em que reúne o controle da institucionalização imediata de seus aparelhos. Com isso, na geografia da sociabilidade capitalista, o Estado está sempre espraiado para além de seus limites formais ou jurídicos autodeclarados, fundindo-se a aparelhos sociais.

Tal aparelhagem, dentro e para além do núcleo imediato ou declarado do poder estatal – governo e administração –, enseja dissonâncias no interior de uma singularidade. O poder estatal, naquilo que dele se depreende a partir da posse dos cargos, mandatos e do controle de suas instituições juridicamente consolidadas, é constantemente apropriado ou tomado por classes específicas, mas os aparelhos ideológicos, como são maiores que tal núcleo de poder estatal, e dada sua concretude material no bojo das relações sociais, podem ensejar práticas distintas e mesmo nitidamente contrárias àquelas que operam a partir do controle do núcleo central do Estado. Assim se entende, conforme a posição de Gramsci, a disputa da hegemonia como uma possibilidade da estratégia política, a partir do Estado ampliado. Justamente porque o Estado não é apenas um núcleo repressivo, sua materialidade em aparelhos também ideológicos enseja contraideologias a partir desse mesmo espaço estatal ampliado.

Apenas no nível da descrição teórica é que se pode separar o Estado das instituições sociais que formam um Estado ampliado. É pela tradição de um saber especificamente jurídico que se vislumbra o Estado tomado de modo restrito – governo, administração burocrática, força militar, poder normativo etc. –, separado das instituições sociais que lhe são intimamente conexas – educação, meios de comunicação de massa etc. –, mas que são compreendidas, em muitos casos, como entes privados ou "sociedade civil", tomada aqui em oposição ao Estado.

No entanto, não se deve compreender o Estado ampliado como mera soma de entes autorreferentes. A ligação do núcleo político do Estado com seus aparelhos amplos é estabelecida de modo dinâmico, atravessado de peculiaridades históricas e contradições estruturais. Historicamente, a formação do Estado ampliado é mais que um simples encontro entre instituições a princípio autônomas e isoladas. Se é verdade que muitas das instituições externas ao núcleo político estatal já se apresentavam em modos de produção pré-capitalistas, elas são reconstituídas, reconfiguradas e tomam forma comum a partir de um mesmo movimento da dinâmica social do capital, guardando, portanto, uma razão específica na sua manifestação.

O Estado ampliado não se apresenta como ocasionalmente ampliado, como se estivesse em coexistência banal com outros fenômenos e aparatos indiferentes a si. Há um nexo intrínseco entre as instituições estatais e sociais que constituem a grande região política do capitalismo. O núcleo familiar se assenta como estrutura de respaldo do trabalhador que se vende ao capital. Daí, a rígida moral familiar se apresenta como forte elo da constante reprodução e manutenção do estoque de força de trabalho disponível no mercado. Para além das ideologias políticas e morais específicas, a educação é de massas e formalizada pelo Estado como única possibilidade de um entendimento linguístico e técnico entre os agentes da produção. Para a permanência da oferta de força de trabalho, a educação, controlada pelo Estado, é orientada à formação técnica. Os meios de comunicação em massa não apenas se prestam às manobras imediatas dos agentes políticos em disputa eleitoral, como também interditam conhecimentos, reconfiguram o imaginário social e instituem repulsas e desejos. Tal como Foucault aponta de modo particular, as tantas disciplinas dos corpos, dos atos, dos horizontes psíquicos e intelectuais dos indivíduos advêm de técnicas de dominação múltiplas, mas se reconfiguram e se unificam mediante a coerção estrutural das formas capitalistas, nelas se destacando o Estado.

No entanto, não há, no seio das instituições que formam o Estado ampliado, conexões isentas de conflitos nem de contradições. Se a forma estatal atravessa tais instituições sociais, elas todas também são diretamente atravessadas pela forma-valor. Os meios de comunicação de massa, por exemplo, são tanto controlados política e juridicamente pelo Estado quanto são estruturas que se levantam num sistema de disputas mercantis. O poder dos anunciantes, a orientação das propagandas para a plenificação do consumo, as disputas por audiência, o manejo ideológico de notícias e a distorção e o cerceamento das informações fazem parte de um complexo que responde por um dos momentos diretos da disputa política e da afirmação de determinada ordem social mas também, diretamente, da disputa entre os capitais em concorrência.

Se são diretamente atravessadas pela forma política e pela forma-mercadoria, as instituições do Estado ampliado não apresentam distinção estrutural em relação a essa derivação total das formas. Mas, justamente porque atravessadas por formas sociais múltiplas em sua unidade de reprodução, elas se revelam férteis em aberturas, dissensões, manejos oriundos dos conflitos sociais e funções contraditórias com o todo social. Daí a aparência de que as instituições do Estado ampliado possibilitariam um acesso mais facilitado à contra-hegemonia. Se as engrenagens da família, dos costumes, da educação ou dos meios de comunicação não são diretamente controladas pelo Estado, elas permitem, em algumas circunstâncias, que transformações nos costumes, inovações pedagógicas ou ações orgânicas de profissionais e intelectuais críticos ensejassem uma desestabilização dos padrões gerais da reprodução do capital. Trata-se de uma ação que é permitida justamente por serem instituições sociais relativamente autônomas, mas é preciso ponderar que todas elas operam sob uma mesma estrutura de reprodução das formas do capitalismo. Assim, a contingência dos profissionais e intelectuais orgânicos está na condição de trabalhadores assalariados sob mando da vontade última dos proprietários dos meios de comunicação, escolares e artísticos. Se as instituições conexas que formam o Estado ampliado permitem um acesso mais facilitado às suas atividades nucleares em comparação ao controle último do próprio Estado, também sua existência é resultante da circulação mercantil e da produção capitalista. É por razões estruturais que o Estado é ampliado, controlando regiões do todo social, em primeiro lugar, como garantia de sua própria existência e, em segundo lugar, como garantia da própria reprodução do capitalismo no qual o Estado se assenta existencialmente.

Toma-se como virtude estrutural do Estado ampliado o fato de que não funda o aparato político apenas nos pilares tradicionais de burocracia e repressão – dado que a concentração permitiria ataques frontais a núcleos vitais da reprodução da forma política e da própria sociabilidade geral. Mas, justamente porque espraiado, o Estado ampliado é a causa da permanência de relações diversas, contraditórias, conflituosas e em crise, cuja dinâmica de reiterado rearranjo e refazimento somente alimenta a constância da forma pela qual se instituem e a qual se prestam: a forma-mercadoria. A seu modo, a multiplicidade, concorrência e convergência das instituições políticas e sociais é a multiplicidade, concorrência e convergência da sociabilidade capitalista, num jogo de formação recíproca. As aparentes fragilidades e contradições da política ampliada são, na verdade, a força de estabilização de um sistema de amarras múltiplas.

REFERÊNCIAS BIBLIOGRÁFICAS

Altamira (2008); Althusser (1985); Alves (1987); Anderson (2004b); Artous (1999); Balibar (1995); Boito (2007); Bonefeld (2005); Caldas (2015); Carnoy (1990); Codato e Perissinoto (2011); Foucault (1996); Gerstenberger (2007); Gramsci (2000); Heller (1968); Hirsch (1990); Hirsch (2007); Hirsch (2010); Hobsbawm (1998); Holloway (2003); Holloway (2007); Holloway e Picciotto (1979); Jessop (1996); Lenin (1988); Marx (2008); Marx (2011a); Marx (2011b); Marx (2011c); Marx (2013); Mollo (2001); Naves (2008); Offe (1980); Offe (1984); Osorio (2004); Pachukanis (1988); Poulantzas (1971); Poulantzas (1977); Poulantzas (2000); Sader (2014); Saes (1998); Sampedro (2010); Thwaites Rey (2004); Thwaites Rey (2007); Wood (2001).

3. Política do Estado

3.1. Estado e nação

A partir da forma política separada dos agentes da produção, o encadeamento ideológico da sociabilidade capitalista delineia quase sempre, por horizonte, uma identificação entre Estado e nação. Trata-se de uma forja inverídica, se os termos forem tomados pela explicação, recorrente e usual, de que o Estado é a forma política que surgiu a partir da nação. Muito pelo contrário, em termos históricos e factuais, as sociedades capitalistas valem-se do Estado para, posteriormente, forjar o conceito de nação. É a partir de um espaço específico de reprodução social, estabilizado e institucionalizado, que se constrói, então, a narrativa e a simbologia ideológica de uma nação subjacente ao Estado.

O surgimento do capitalismo impõe um arranjo social, moderno e novo, estabelecido a partir do desarranjo de velhas formas de reprodução social. As mais diversas organizações sociais – feudais na Europa, escravistas coloniais na América etc. – são dissolvidas, e, nos Estados modernos, famílias, clãs, tribos e grupos passam a ser politicamente considerados a partir de uma célula indivisível e universal – o sujeito de direito. De fato, os indivíduos são tornados, todos, aptos a serem portadores de mercadorias que se transacionam e circulam. Suas especificidades culturais, religiosas, geográficas e econômicas são apagadas em favor de uma homogeneização atomizada. Não mais os grupos, mas, sim, o indivíduo, considerado sujeito de direito, é que será a matriz em que se assentará a sociabilidade capitalista.

A constituição da subjetividade individual, livre e igual juridicamente, é também a dissolução das velhas subjetividades orgânicas ou coletivas. O espaço do Estado não é mais o da comunidade religiosa, ainda que com ela possa concordar em termos geográficos. Tampouco o Estado admitirá várias afirmações dissidentes de peculiaridades culturais – os hábitos regidos pela política e pelo direito serão generalistas. As normas jurídicas, mais do que respeitarem o insólito, uniformizam usos e costumes por via impessoal. Até mesmo a língua passa a ser controlada por meio político – daí a escolha e a imposição da língua oficial em detrimento dos dialetos ou línguas terceiras.

No mesmo processo de desconstituição das subjetividades coletivas antigas está também a construção do arcabouço ideológico de sustentação da subjetividade moderna. A língua oficial imposta é recontada como língua de alto valor literário ou poético. Os costumes oficialmente albergados passam a ser o folclore – a alma do povo, sua verdadeira matriz cultural –, em detrimento de costumes divergentes. A história é recontada, emparelhando-se de modo próprio os heróis e os grupos que se devem exaltar e as virtudes que identificam um determinado povo. Em alguns casos, a cultura e os valores gerais advindos da religião da maioria também concorrem para identificar a nação. Nesta reconstituição, os patamares da reprodução capitalista já se encontram estabelecidos: as classes dominantes do Estado – da nobreza à burguesia – dão a orientação da narrativa de sua própria história e de suas glórias. O caso brasileiro é exemplar. Com inúmeros povos indígenas vivendo há muito na terra, a história é contada, no entanto, a partir do olhar português. Fala-se em descobrimento do Brasil quando o português aqui aporta; oficializa-se e generaliza-se a língua portuguesa; glorifica-se o desbravador bandeirante que expande os limites do domínio territorial; comemoram-se, por fim, as lutas da burguesia nativa brasileira contra o domínio político português. A construção simbólica da nação advém do específico estabelecimento das classes dominantes. A narrativa da história segue exatamente a sequência da sucessão de tais classes. O Estado opera de modo privilegiado as tarefas de consolidação dessa simbologia.

É no solo de relações sociais capitalistas que se dá a construção do específico conceito de nação. Trata-se de um arcabouço ideológico necessário ao capitalismo. O feudalismo pode operar com conceitos como o de grupo ou de comunidade religiosa. O capitalismo, estabelecido a partir da indistinção dos sujeitos de direito – indivíduos que transacionam impessoalmente a si e a seus bens no mercado –, deve operar com uma conceituação que possa dar conta de um nexo político uniforme entre os indivíduos. A nação, assim, busca exprimir um espaço valorativo comum – língua, costumes, hábitos, modos de ser e agir, religião ou outras identidades possíveis. Claro está que se trata de um processo muito específico e variável. Há nações que podem ser identificadas na conta de uma religião comum, até mesmo oficial, outras não. Há povos que têm idiossincrasia de costumes, há populações que parecem se afirmar por fenótipos semelhantes e que transplantam tais aparências para uma pretensa raça, há povos de língua única, outros não. Por isso, o que identifica uma nação é variável geográfica e temporalmente, a depender de distintas circunstâncias. Exatamente por tal razão, o conceito de nação pode ser forte em termos simbólicos, mas sempre se torna subsidiário do conceito mais forte que estrutura uma unidade política, que é o Estado. Por mais que a ideologia das específicas sociedades se construa como nacional, é na forma política estatal que está o ponto nodal da reprodução capitalista.

Devido a isso, avançados e sofisticados arranjos são possíveis para dar conta de exprimir a cultura distinta e muitas vezes oposta de povos unificados sob mesmo Estado. Os Estados multinacionais, se antes indesejados, podem muitas vezes se revelar interessantes válvulas de escape para a preservação da unidade estatal e das classes sociais. O que há de fundamental à reprodução capitalista é a forma política estatal. Se se comporta, juridicamente, uma clivagem cultural e de trato social dentro de uma única forma política e jurídica, será só essa matriz estatal comum que se revelará necessária para ainda tratar a todos os agentes econômicos como sujeitos de direito que transacionam mercadorias e têm garantida sua propriedade privada.

Mas, se o Estado dá conta de estruturar as relações de reprodução capitalista, por que, historicamente, ele busca se duplicar, em termos ideológicos, também em nação? Sob a forma política que os institui como sujeitos de direito, os indivíduos se revelam desnudados em sua atomicidade. Uns são capitalistas e exploram, a maioria é trabalhadora e é explorada. A ideologia da nação constrói um espaço simbólico de amálgama por sobre as classes. Assim, antes de ser burguês ou proletário, o indivíduo vislumbra pertencer a uma nação. A forma política estatal busca se duplicar como nação como meio de constituir uma unidade social para além das classes.

Tal unidade, também constituída no solo de uma multiplicidade de Estados, enseja ainda um espaço de concorrência e competição. Os nacionais de um país se sentem unidos contra os nacionais de outro país, seu concorrente. Dentro de uma pátria, tem-se a impressão de que as leis, a ordem, as perdas e as conquistas são compartilhadas pela maioria. Trata-se, portanto, de um congraçamento. Já no que tange ao estrangeiro, o sentimento é de oposição.

A desarticulação das classes trabalhadoras e exploradas no plano internacional é um notável feito da duplicação do Estado em nação. O capital não se limita por fronteiras e as burguesias nacionais têm comportamentos variáveis quanto às suas relações externas: a depender das condições e situações específicas, aferram-se ou não aos limites nacionais. Já as classes exploradas, jungidas a territórios que não permitem a livre-circulação internacional do trabalho, submetem-se de modo implacável às condições locais. Assim, a ideologia da nação é um elemento que reforça, em cheio, a submissão dos explorados do capitalismo.

A duplicação do Estado em nação se faz de modos muitos específicos e peculiares. Alguns povos hão de se identificar como raça. Outros vão se considerar, a partir da medida de um grupo hegemônico, como os brancos protestantes dos Estados Unidos. Os meios de duplicação são tanto internos quanto externos. Forja-se uma identidade pelo que une os indivíduos de um Estado, mas também pelos inimigos cultivados em comum. Assim, guerras e até mesmo divergências religiosas e linguísticas podem servir de unificação nacional por contraste e oposição ao estrangeiro. Nesse sentido, na atualidade, até o papel dos jogos e das competições esportivas é relevante.

Além disso, as bases da nação se fazem num entrecruzamento de redes específicas de dominação, opressão e exploração. Os Estados modernos se assentam sob a forma patriarcal, numa tradição que remonta ao feudalismo e ao escravismo antigos. De tal modo, além de eventuais traços reputados à raça, também identidades sexuais são levantadas, com hábitos a que se chamarão por bons costumes e moral, reprimindo-se sexualidades divergentes. Os Estados se apoiam em redes de repressão já existentes, mas reconstroem-nas. A unidade de um povo passa a ser institucionalizada com o monopólio estatal do controle dos comportamentos desviantes. Assim, há uma passagem qualitativa entre as velhas repressões religiosas e culturais à mulher do tempo feudal e a repressão jurídica que o Estado assegura em favor do poder paterno. Mantendo, excluindo ou alterando repressões, o Estado se impõe como a forma necessária de unidade entre opostos, repressores e reprimidos, tal qual o faz, por sua vez, na circulação mercantil, como forma política e jurídica necessária da transação entre os sujeitos de direito.

3.2. Estado e burocracia

Na cadeia das relações sociais que permeiam a reprodução capitalista, a forma política estatal faz o apartamento entre o nível político e o nível econômico do poder e da dominação. Em tal processo, o Estado se materializa em instituições, e estas, por sua vez, embora singularizadas, não são isoladas do todo, pois são ainda atravessadas estruturalmente pelas relações sociais, que as constituem e são reconstituídas por elas. Mas, ao mesmo tempo, nessa dinâmica de consolidação e cristalização no todo social, as instituições políticas e sociais são também materializadas em aparelhos burocráticos, regidos por normas jurídicas e dotados de competência advinda do direito. A burocracia, assim, estabelece-se na sociabilidade capitalista a partir das próprias estruturas das relações sociais gerais e, também, a partir de seus esteios internos, políticos e jurídicos.

A compreensão da existência relacional da burocracia evita que seja tomada apenas como figura isolada e autossuficiente. Embora configurada imediatamente por instrumentos normativos estatais, a burocracia do Estado não pode ser entendida apenas nos limites de sua juridicidade, sob o risco de perder sua origem social e passar a ser tomada como autorreferente. Se é verdade que a norma jurídica estabelece os parâmetros imediatos da burocracia, uma perspectiva mediata, no entanto, há de constatar que a raiz desta é estrutural. As relações especificamente capitalistas, implantadas numa concorrência universal de sujeitos de direito, levam à materialização de um corpo político distinto dos agentes – tanto burgueses quanto trabalhadores – que assume funções de poder sobre a própria miríade de agentes privados. É neste cerne relacional geral da sociabilidade capitalista que se inscreve o estrutural da burocracia. A força técnica ou econômica interna e a regulação jurídica da burocracia do Estado são suas configurações imediatas; a derivação estrutural das específicas relações capitalistas é sua forma estrutural e necessária.

Juridicamente, a burocracia estatal compreende as instituições de governo e administração, a partir dos termos de suas investiduras e competências. Mas, socialmente, a burocracia se exprime como organismo vivo, ágil, contraditório. Em sua dinâmica, há descompassos entre os contornos jurídicos da burocracia e sua materialização social. O concreto não corresponde ao jurídico e, além disso, a burocracia, na sua organicidade, se ao mesmo tempo está imbricada nas relações sociais gerais, apresenta-se tanto em conflito com a própria sociedade quanto em conflito interno.

No que tange à formalização jurídica, pressões, influências, domínios e capturas imediatas por classes, grupos e indivíduos conduzem as burocracias a se perfazerem em materialidades que não necessariamente estejam em similitude com seus fins declarados ou suas competências estabelecidas e estritamente limitadas. Fenomenologicamente a burocracia se constitui de modo relacional ao todo social. A microfísica do poder revela contornos das burocracias e dos burocratas que deslindam as instituições públicas e os agentes estatais para além de suas competências atribuídas normativamente ou de suas declarações jurídicas de finalidades.

A burocracia se arraiga em práticas materiais concretas, intrincadas nas próprias relações sociais gerais, mas também é formada por meio de uma consolidação de poder, enfeixando-o. Nesse sentido, a interação entre burocracia e sociedade é mais complexa. Se no capitalismo a forma estatal resulta necessariamente distinta e autônoma em relação à sociedade, a burocracia é constituída como corpo estrutural e funcional apartado das classes, grupos e indivíduos, e, justamente para que tal constituição se dê, ela adquire materialmente contornos de poder e de funcionalidade própria. Assim, ela não é sempre e totalmente complacente às influências e capturas da sociedade. É por sua própria natureza estrutural que a burocracia resiste parcialmente às relações sociais. Como núcleo de poder, seus contornos são, no mínimo, parciais em face das demandas sociais. Além disso, como momento de uma cadeia geral da reprodução social, a burocracia adquire funções que não podem ser sempre esgarçadas, dada a estrutura dessa mesma cadeia de reprodução ampla. A autonomia relativa do Estado também se espelha no campo da burocracia justamente porque, de um lado, a dinâmica do capitalismo não permite total captura ou domínio dos aparelhos do Estado por particulares e, de outro lado, também porque a própria existencialidade da burocracia não é alheia à própria reprodução social capitalista da qual exsurge como corpo necessário.

O grau de complacência da burocracia e de sua inclinação e captura por determinadas classes, grupos ou indivíduos é variável conforme circunstâncias sociais, econômicas e de luta de classes. O fortalecimento ou o enfraquecimento das classes trabalhadoras ou a troca de supremacia entre determinadas classes burguesas redundam em um reposicionamento da órbita estrutural da burocracia no concerto do todo social, bem como numa reconfiguração de suas funções. No quadro geral de seu arraigar microfísico, a burocracia não é explicada apenas por seus constituintes internos: além de sua dinâmica interna, no plano estrutural a luta de classes desponta como fator primordial da reelaboração constante da burocracia.

Papel mais decisivo se dá quanto à natureza de preservação da própria forma política estatal perante a dinâmica de reprodução do capital. A burocracia responde por um encadeamento vital de relações que sustentam o capitalismo. Justamente por estar separado dos agentes individuais da produção, o Estado não haure sua razão de ser do interesse imediato de um desses agentes. Mas isso não quer dizer que, então, a burocracia estatal tenha a plena ciência necessária para agir em favor de um interesse geral dos agentes ou as condições materiais para tal incremento. O Estado age e reage a partir das contradições que são inexoráveis ao tipo de reprodução social capitalista, necessariamente portador de crises. Sua captura por determinadas classes burguesas ou grupos de empresas não necessariamente se revela funcional à manutenção do padrão de reprodução capitalista vigente. O afrouxamento de regras de controle e fiscalização, de ações distributivas e de benefícios aos grupos excluídos pode levar a situações extremas de crise e descontinuidade da reprodução social geral.

A burocracia estatal não se levanta acima das classes, grupos e indivíduos de tal modo que seja um sujeito onisciente tampouco é totalmente poderoso e independente em relação a estes. É por isso que seu papel agente e reagente no quadro da dinâmica da reprodução das relações sociais capitalistas não pode ser pensado como necessariamente salvador das condições gerais da sociabilidade. O Estado não é o garantidor totalmente funcional do equilíbrio capitalista ideal. Ele está atravessado pelas próprias contradições que são oriundas das estruturas da exploração da força de trabalho pelo capital, numa sociedade fundada em antagonismos. A revolta das massas exploradas e despossuídas, a disfuncionalidade da regulação média da economia, a inflação, a superprodução, o desemprego, a crise de mudança tecnológica e de despreparo de meios produtivos e a tendência de diminuição na taxa de lucros são sintomas de que a reprodução geral não é totalmente controlada a partir da ação da burocracia estatal, justamente porque o Estado não se forma como capitalista geral nem como poder materialmente soberano em relação às contradições das relações capitalistas.

No entanto, se a burocracia estatal não tem papel onisciente nem materialmente soberano, ela tem origem estrutural nas relações capitalistas, o que lhe dá razão existencial de ação. No plano imediato, para a manutenção dos próprios aparelhos estatais e de seus cargos a burocracia empreende ações que visam, de modo mais ou menos eficaz, com lucidez ou às cegas, à continuidade da valorização do valor. As ações da burocracia estatal estão condicionadas pela própria existência do Estado, que advém do tipo de socialização capitalista. É pela tentativa de manutenção e de continuidade da reprodução capitalista que age a burocracia. Por isso, estruturalmente não há ação estatal que venha a proceder à superação do capitalismo em favor do socialismo, porque tal empreendimento corrói o tipo específico de relação social que sustenta tal aparato político.

O grau de lucidez dos agentes burocráticos em relação à manutenção das relações capitalistas pode variar do nulo ao grande. Mesmo assim, a ação estatal não depende apenas da lucidez da burocracia. As sociedades capitalistas, competitivas mesmo entre as classes burguesas e as classes trabalhadoras, atravessam estrutural e funcionalmente as burocracias, e estas reagem aos interesses imediatos de classes e grupos. Na dinâmica do poder e da ação social, as relações entre múltiplos agentes em antagonismo não permitem um papel de proeminência ou de condução única do processo histórico. Dessa maneira, uma eventual lucidez da burocracia não se reflete, necessariamente, numa ação consciente de salvação das condições ditas "ideais" do sistema capitalista. Mas, mais que isso, também não pode haver lucidez suficiente para a salvação ou a manutenção de tais condições plenas ao capital, porque elas não existem. Fundado em exploração e contradição, o capitalismo é necessariamente estruturado em crise.

Por fim, a própria constituição material da burocracia estatal se faz espraiada por múltiplos poderes, órgãos e instituições. Os Estados modernos se implantaram a partir de núcleos de poder que se levantam de maneira não necessariamente harmônica. Assim, a burocracia não pode ascender a uma posição de total domínio sobre a sociedade ou de total sapiência de horizontes de ação porque é múltipla. Justamente pela constrição da forma, os interesses sociais se amarram aos poderes políticos – num processo de afirmação e reação – de modo variado. Nessa multiplicidade e distinção de amarras, o capital pode se sentir ameaçado por atos de legisladores, mas de modo geral está resguardado pela defesa intransigente, por parte dos poderes judiciários, da propriedade privada. As eleições, de modo geral, por exemplo, podem até dar diretrizes imediatas ao governo, mas não alteram as amarras jurídicas gerais do Estado. As específicas materialidades e funções das variadas instituições burocráticas revelam uma complexidade que pode ou não ser funcional no aparato do Estado.

A multiplicidade das burocracias faz com que influências, domínios e capturas dos órgãos estatais pelas classes e grupos sociais sejam também variados. Em sociedades capitalistas de grande competição, é possível vislumbrar órgãos de governo e administração atrelados mais diretamente aos setores competitivos a eles ligados.

Bancos e especuladores têm influência próxima em bancos centrais, indústrias, em ministérios relacionados à produção, classes agrárias, em ministérios de agricultura ou mesmo de meio ambiente, e até mesmo os trabalhadores, em algumas situações, ligam-se a ministérios como o do trabalho ou da assistência social.

A luta de classes não opera apenas fora do âmbito do Estado. A burocracia não se revela como um bloco unificado de contraste com a sociedade civil. Pelo contrário, a dinâmica das contradições sociais se completa no próprio Estado. Se a forma estatal revela relativa autonomia, não é porque um bloco todo de poder estatal esteja íntegro e indiferente, à espera de uma supremacia que se conquista no plano social e que, depois, venha lhe dar o norte. Constantemente a luta social se encaminha para dentro do campo burocrático, fincando disputas em suas entranhas. Claro que o Estado não é simplesmente um espaço neutro de albergue de lutas externas a si. A relativa autonomia estatal constitui ações, instituições e poderes que agem e reagem em relação ao todo social com um grau necessário de separação das formas. A própria junção das classes em sindicatos dá o exemplo do quanto a luta de classes é reconformada pelo Estado. Mas, justamente nessa específica materialização capitalista, o Estado, separado do todo, o é no seio desse mesmo todo, e daí, para fora de si e para dentro de si, é um dos cernes da luta de classes.

O Estado é corresponsável pela forma da luta de classes no capitalismo. Se o conflito entre capital e trabalho é econômico, é também político. A burocracia age sendo disputada – de modo múltiplo e variável – pela luta de classes, e, de acordo com sua relativa autonomia, reconstituindo-a.

3.3. Estado, cidadania e democracia

O senso comum da atualidade associa capitalismo a democracia como se fossem fenômenos conexos. Em termos históricos, no entanto, percebe-se a independência dos termos. Tomando-se as formas democráticas numa acepção ampla, democracia existiu, por exemplo, entre os gregos de Atenas, sob o modo de produção escravista. Ao mesmo tempo, o capitalismo nunca foi sempre e inexoravelmente democrático. As sociedades capitalistas somente em tempos muito recentes assumiram uma organização política democrática, e, mesmo assim, não universal. Até o século XIX, o estabelecimento das relações econômicas capitalistas não havia se encaminhado para um arranjo plenamente democrático nos Estados. Ainda no século XX, grandes parcelas do mundo foram capitalistas sem democracia – como nos casos de ditaduras na América Latina. Na atualidade, a crise econômica do capitalismo passa por cima da vontade popular em favor do interesse político dos grandes especuladores, fazendo regredir o ambiente democrático já estabelecido. A experiência dita democrática, no seio geral das sociedades capitalistas, acaba por ser mais exceção do que regra.

Ao mesmo tempo, pode-se considerar que a dinâmica dos agentes pulverizados em trocas no mercado impulsiona uma organização política democrática como seu modelo próprio, na medida da miríade de antagonismos que se põem em relação. Em modos de produção pré-capitalistas, como o feudalismo e o escravismo, a coincidência do domínio econômico e do domínio político não possibilita a abertura de um espaço estrutural à deliberação livre dos indivíduos. O capitalismo, justamente por constituir a subjetivação dos agentes econômicos, institui uma dinâmica política estatal que não é automaticamente a do poder de um explorador, como a de um burguês especificamente. É nesse sentido que, pelas razões estruturais da reprodução econômica, o capitalismo engendra um campo de deliberação no plano político que é mais alargado, exatamente porque se constrói a partir de um espaço cujos agentes não são, necessariamente, os do domínio econômico. Mesmo um ditador, no capitalismo, não é algo aproximado da figura de um "burguês total". Ainda que arrogando um poder político máximo, mesmo assim há de se apoiar em classes burguesas e exploradoras, constituindo aí, necessariamente, um espaço de amálgama ou de codependência nas suas deliberações políticas. A multiplicidade de agentes individualizados em concorrência, no capitalismo, impede um nível muito elevado de enfeixamento e de concentração de poderes políticos. Com isso, pode-se então argumentar que, se o capitalismo gera um espaço de ação no Estado, fundado na separação deste em face dos agentes pulverizados, juridicamente livres e iguais, as ações políticas de deliberação desconcentrada – chamadas por democracia – lhe sejam mais típicas.

No capitalismo, a forma política democrática está entranhada à forma jurídica, residindo aí seu talhe, seu espaço típico e seus limites. Os agentes econômicos são tornados sujeitos de direito e, como extensão dessa subjetividade para o plano político, cidadãos. Tal qualificação dos direitos políticos granjeia o acesso ao Estado segundo direitos, deveres, garantias, poderes e obrigações estatuídos juridicamente. Trata-se de um investimento à vida política nos termos da atribuição jurídica para tanto. Seu *locus* fundamental é o direito, desdobrado no plano eleitoral e no plano da constituição e do resguardo da subjetividade mínima suficiente à reprodução do capital. Sendo cidadãos, os sujeitos de direito se tornam aptos a votar e a serem votados. Na amarra jurídica necessária ao capital, a liberdade negocial, a igualdade formal e a propriedade privada constituem também o esteio da ação política. Costuma-se chamar por democracia, nas sociedades contemporâneas, a forma política estatal que tenha por núcleos o plano eleitoral e o plano da constituição e da garantia da subjetividade jurídica. Nessa estrutura, que arma o esteio das próprias condições para a reprodução do capital, identifica-se o qualificativo de democrático ao campo político.

Em face dos modos de produção pré-capitalistas, a política no capitalismo é espraiada quanto aos seus agentes. O espaço político, terceiro em relação às classes exploradoras e exploradas, demanda caminhos indiretos e intermediados de deliberação, enquanto no pré-capitalismo a deliberação é imediata e concentrada. Na sociabilidade capitalista, o processo de antagonismo social está engendrado na circulação mercantil, que constitui os indivíduos, todos, como sujeitos de direito, portando direitos subjetivos que trocam livremente. O mesmo padrão que instaura a subjetividade jurídica também instaura a democracia eleitoral. A livre disposição da vontade, no plano político, constrói-se de modo similar à autonomia da vontade do sujeito de direito. Derivada da forma-mercadoria, a forma política democrática estabelece a correspondência entre sujeito de direito e cidadão.

Mas, tal qual a subjetividade jurídica esconde a exploração do trabalhador pelo capitalista, também não se pode considerar que os agentes individualizados ajam com a mesma intensidade nem com as mesmas qualificações formais ou reais na dinâmica da política no capitalismo. A diferença entre classes denota as diversas sortes e alcances das ações políticas. Embora muitas vezes assentados sobre mecanismos democráticos, os acessos das classes ao Estado e as aberturas deste a elas são distintos.

Mesmo em situação de plena democracia eleitoral, as classes burguesas apropriam-se muito mais dos meios estatais que os explorados. Também os espaços e mecanismos de deliberação política são bastante variáveis no capitalismo. Ao se fazer uma associação imediata da democracia à mera institucionalização de sistemas eleitorais, perde-se de vista o mérito da quantidade de abertura e mesmo da qualidade de tais sistemas. A escolha de representantes políticos atrela-se a específicos graus de ação e autonomia política em face dos poderes econômicos, militares, religiosos, culturais e internacionais. Bandeiras políticas são instrumentalizadas como econômica, política, cultural e religiosamente desejáveis ou não. Pressões de classes ou nações influenciam diretamente nas escolhas. O sistema de comunicação talha diretamente a construção das vontades e das informações pertinentes. Além disso, e mais importante, não só quantos cargos e postos estão sob a disputa eleitoral nem apenas a qualidade e a liberdade dessa disputa, mas também o que está afastado dela é que revelará a conexão dinâmica, frágil e variável entre capitalismo e democracia.

É preciso, então, desvendar a especificidade estrutural e funcional da democracia no capitalismo. Ela se assenta sobre bases jurídicas e políticas bastante estabilizadas, como a defesa intransigente da propriedade privada, e também sobre bases sociais de alto teor opressivo, como o patriarcalismo, o racismo ou a xenofobia. Nesse sentido, não está em jogo a deliberação sobre as mudanças do modo de produção, nem se vota acerca da flexibilização do princípio da propriedade privada ou de sua socialização, nem se permite juridicamente a alteração de regras estruturais do sistema econômico. Também assentada num amálgama cultural e social específico, a estrutura democrática tem muita dificuldade em aceitar pacificamente o respaldo político à vanguarda dos costumes em termos sexuais, por exemplo. Daí a insistência de grupos religiosos em países democráticos da Europa, da América Latina e dos

Estados Unidos em rejeitar ganhos de direitos subjetivos às mulheres ou aos homossexuais, interditando suas possibilidades eleitorais. No plano do arcabouço ideológico, ainda, a extensão da democracia e dos ganhos sociais é muitas vezes evitada, ou pelo menos calibrada de modo distinto, aos estrangeiros na terra.

O campo jurídico exerce um papel fundamental na construção da moderna democracia. Sendo, tal como as demais instituições estatais, um aparato necessário à dinâmica das relações de produção capitalistas, o direito assume a dianteira, em relação ao papel da livre ação política, como elemento de balizamento das possibilidades da democracia. Ao invés de estender a deliberação política democrática ao limite, o direito restringe e qualifica seus espaços e mecanismos. Os resguardos dos direitos subjetivos fundamentais e dos ritos e procedimentos previamente instituídos possibilitam facultar a livre deliberação a um espaço temático já então delimitado e formalizado. A aparente virtude da democracia moderna seria a liberdade irrestrita de deliberação sobre os assuntos. De fato, ela é conseguida na medida dos mecanismos de apuração da vontade da maioria. Ocorre, no entanto, que, balizada pelo direito, a ação política é ampla, livre e voluntariosa justamente num espaço que é previamente construído estatalmente. A forma política do capitalismo dá o limite da própria liberdade da vontade democrática.

A democracia, lastreada no direito e nas formas da sociabilidade capitalista, representa tanto um espaço de liberdade da deliberação quanto um espaço interditado às lutas contra essas mesmas formas. Por isso, a democracia representa o bloqueio da luta dos trabalhadores mediante formas que não sejam aquelas previstas nos exatos termos jurídicos e políticos dados. Exclui-se, com isso, a possibilidade da luta que extravase o controle e o talhe do mundo estatal e de suas amarras jurídicas. A ação revolucionária é interditada.

Por tal razão, o capitalismo é democrático num espaço limitado da liberdade de deliberação. Exatamente como espelho da liberdade jurídica, a liberdade política pode até mesmo tender a ser a máxima possibilidade de escolha, mas dentro dos campos que não alteram as próprias estruturas da reprodução social. A liberdade é apenas a escolha plena da deliberação individual, não a escolha plena da generalidade das condições sociais. O capitalismo está necessariamente resguardado nos mecanismos democráticos das sociedades capitalistas. As deliberações que envolvam um risco sistemático à própria reprodução do sistema fazem levantar um bloqueio advindo das outras forças que mantêm o encadeamento da sociabilidade capitalista. Inexoravelmente, daí, o risco das escolhas democráticas – ao se inclinarem pela alteração da socialização político-econômica – será enfrentado com o bloqueio da própria forma democrática.

A forma política democrática opera em condições nas quais a reprodução social não é posta em xeque. O capitalismo, ao estabelecer balizas estruturais ao espaço da deliberação política, incide necessariamente em formas políticas não democráticas quando confrontado com rompimentos de tais limites. O fascismo, o nazismo e as ditaduras militares pelo mundo são demonstrações não casuais, mas, sim, reiteradas, desse mecanismo de interdição da deliberação política quando ela tangencia os pontos extremos da estruturação da sociabilidade capitalista.

Por isso, não se há de pensar que o modelo político democrático seja uma regra que comporta uma eventual exceção ditatorial ou fascista. O capitalismo se estrutura necessariamente nessas polaridades, incorporando a exceção como regra. Não há experiência de superação das explorações capitalistas granjeada por meio democrático-eleitoral. Toda vez que a sociabilidade capitalista pode ser superada, mecanismos políticos antidemocráticos se apresentam e interferem nesse processo. As formas sociais necessárias à reprodução do capitalismo têm peso estrutural determinante contra as eventuais formas políticas democráticas destoantes. Se o capitalismo porta a democracia como forma política típica, porta no mesmo grau e do mesmo modo a ditadura e os fascismos como suas formas políticas típicas para o caso de disfunção de algum de seus mecanismos.

A luta histórica pela ampliação dos espaços democráticos é feita não pela burguesia, mas pelos trabalhadores e grupos sociais minoritários. Ocorre que os termos formais dessa luta reiteram as próprias estruturas que armam a reprodução geral da exploração social. A forma política estatal e a forma jurídica, dando ossatura à democracia contemporânea, sustentam uma sociabilidade de separação dos trabalhadores dos meios de produção, concentrando estes em mãos burguesas. O Estado e o direito, ainda que alargados pelas lutas dos trabalhadores, operam pela manutenção dessas mesmas estruturas sociais. Se é verdade que a democracia foi mais empreendida pela luta dos explorados do que propriamente por derivação lógica ou concessão dos exploradores, é também verdade que reforça as formas sociais que dão base a essa mesma exploração.

Historicamente, o espaço mínimo da democracia, no capitalismo, tendeu a ser apenas aquele suficiente para satisfazer à dinâmica da multiplicidade de agentes econômicos burgueses. Nesse sentido, quando do surgimento da democracia no capitalismo, esse início em muito se assemelhou a algumas das formas democráticas pré-capitalistas, como as gregas, que possuíam um processo de deliberação coletiva eminentemente da alçada dos senhores. Na verdade, tratava-se apenas de uma espécie de procedimentalização dos acordos para possibilitar um entendimento coletivo de um grupo seleto que estava plantado numa sociabilidade escrava. No capitalismo, o surgimento da democracia, historicamente, também partiu desse mínimo entendimento, realizado apenas entre capitalistas. As primeiras manifestações democráticas, ainda sem a participação popular e a influência dos trabalhadores, envolviam livres deliberações entre burgueses, a partir do corte de um critério censitário de renda. Somente alterações internas na sociabilidade capitalista – universalização do salariado, pressão dos trabalhadores e dos grupos sociais etc. – fizeram com que a democracia censitária evoluísse para uma democracia ampla a partir da própria subjetividade jurídica geral. A extensão da forma jurídica e o tratamento dos cidadãos como indivíduos, não mais como classes, dificultaram uma restrição da deliberação eleitoral apenas para os possuidores de capital.

Ainda que na atualidade se assentando sobre um chão jurídico necessário, de uma universalidade de votantes, a democracia no capitalismo é sempre dinâmica e instável nesses espaços que historicamente extravasam para além do controle imediato pela burguesia. Daí que a possibilidade de involução democrática é uma constante natural dos sistemas políticos assentados sobre as formas sociais capitalistas. Se não fosse a dificuldade estrutural criada pelos mecanismos de universalização da forma jurídica, a democracia mínima necessária seria apenas o acordo entre os capitalistas, na medida em que são múltiplos. Ao capitalismo se associa a democracia, em especial, porque há um espaço que não pode ser reduzido a um enfeixamento ou uma centralização de poder político nas mãos de um ou alguns: os capitalistas são vários. A democracia desejável às classes burguesas é a vazão suficiente apenas para auferir politicamente os capitalistas em sua pluralidade. Toda a construção política posterior de ampliação da democracia, ainda que necessária por conta da universalização das formas do direito e ainda que mais funcional à própria sociabilidade burguesa – pois que incorpora as massas exploradas num mesmo padrão de formas de ação política –, é no entanto indesejável às classes burguesas. Por isso, as situações de crises do capitalismo fazem explodir as lutas do capital contra a própria democracia.

Dadas as contradições de um regime de exploração econômica que tem na política a forma de um terceiro que universaliza os direitos dos indivíduos, e, ainda, dado o antagonismo que impede, também internamente entre as classes burguesas, a assunção de uma consciência geral do melhor para a própria reprodução da exploração capitalista, a manutenção da forma política democrática em determinadas situações pode se revelar inviável à dinâmica do capital. Em situações extremas, troca-se um mínimo democrático pelo atendimento político estrutural à maioria dos capitalistas, ainda que sem deliberação para tanto. O fenômeno do bonapartismo, estudado por Marx em *O 18 de brumário de Luís Bonaparte*, revela o quanto um arranjo social fundado na deliberação de uma multiplicidade de agentes exploradores pode ser disfuncional à reprodução econômica geral e à manutenção das condições que permitam a exploração das classes trabalhadoras. O papel do ditador, nessas situações, pode ser o de atender politicamente aos interesses da maioria das classes burguesas, ainda que não obedecendo à sua vontade política eleitoral, na medida em que a apreensão democrática dessas vontades gerava fraquezas estruturais pelas contradições próprias de sua pluralidade de agentes.

No contexto histórico da democracia nem se entende que os seus moldes atuais foram sempre o patamar mínimo da sociabilidade política capitalista, nem se pode dizer que, sob todas as circunstâncias, tal modelo se mantenha quando confrontado com as condições de reprodução do próprio sistema de exploração. As circunstâncias do poder burguês e de sua capacidade de manutenção e reprodução da exploração determinam as condições de arranjo político dos Estados. Trata-se de um processo sem um sujeito político onisciente, é verdade; mas, acima de tudo, trata-se de um processo de canalização de forças e interesses. A luta de classes opera nitidamente tanto para a manutenção quanto para a alteração das formas dos arranjos políticos. E, além disso, a dinâmica da luta de classes se dá nas relações internas ao território político bem como nas condições relacionadas à posição das classes burguesas em face do exterior.

Economias que se posicionaram internacionalmente como colonialistas, imperialistas ou exploradoras de outras sociedades puderam ter margens para o incremento de suas formas políticas e de participação democrática. Por outro lado, economias coloniais, dependentes ou exploradas externamente tiveram grande dificuldade em assentar bases de liberdade política aos seus próprios grupos e classes explorados internamente. A variada consolidação histórica dessas posições em cada Estado deu também diversos arcabouços culturais de democracia e participação política. A diferença entre a primazia burguesa da Inglaterra e da França em relação à da Alemanha e da Itália é um exemplo da recorrência histórica de formas políticas distintas entre esses dois grupos de países. O mesmo no continente americano em relação aos Estados Unidos e aos países centrais e do sul. A dinâmica das formas políticas, atrelada necessariamente às formas e estruturas sociais da economia capitalista, cria distintas camadas no que tange à sua implantação, consolidação e operacionalização.

As múltiplas formações políticas no seio dos Estados permitem vislumbrar que não há padrões únicos que liguem capitalismo a democracia. A necessária amarra da deliberação política em estruturas e formas sociais – que não são deliberáveis – demonstra que a forma democrática equivale às formas jurídicas em termos de operacionalização e limitação. Além disso, a inexorável ruptura com a democracia, quando esses mecanismos de reprodução geral da exploração mediante forma de livre deliberação eleitoral se encontram passíveis de abalo, demonstra que tanto a democracia quanto as ditaduras e o fascismo são formas típicas do capitalismo.

Na sociabilidade capitalista, a democracia abre um espaço da deliberação assentado na ausência dos mesmos termos para o plano econômico. A democracia política se faz necessariamente a par de seu afastamento do nível das relações econômicas e sociais. O capitalismo concentra os meios de produção, separando-os dos trabalhadores, impelindo à exploração e impedindo a deliberação autônoma no perfazimento das relações de produção. Somente nessa separação, que guarda para si o fundamental da sociabilidade da exploração, é possível então democratizar o nível político.

REFERÊNCIAS BIBLIOGRÁFICAS

Althusser (1985); Boito (2007); Bonefeld (2005); Caldas (2015); Carnoy (1990); Codato e Perissinoto (2011); Foucault (1996); Gramsci (2000); Heller (1968); Hirsch (1990); Hirsch (2007); Hirsch (2010); Hobsbawm (1998); Holloway (2003); Holloway (2007); Holloway e Picciotto (1979); Jessop (1996); Jessop (2008); Lenin (1988); Marx (2008); Marx (2011a); Marx (2011b); Marx (2011c); Marx (2013); Mollo (2001); Naves (2008); Naves (2010); Offe (1980); Offe (1984); Osorio (2004); Pachukanis (1988); Poulantzas (1971); Poulantzas (1977); Poulantzas (2000); Sader (2014); Saes (1998); Sampedro (2010); Thwaites Rey (2004); Thwaites Rey (2007); Wood (2003); Žižek (2011).

4. Pluralidade de Estados

4.1. Capitalismo e sistema de Estados

A forma política moderna capitalista, baseada no Estado, surge historicamente em coletivo, ou seja, como um *sistema* de Estados, dada sua pluralidade. A existência estatal só pode ser compreendida também ao se levar em conta sua relação com o estrangeiro, que está estruturado sobre formas similares. A causa disso é o movimento do capitalismo no espaço internacional. Só se pode pensar a dinâmica do capital num conjunto de países e territórios; o capital é necessariamente internacional e, por isso, os Estados também se apresentam na mesma multiplicidade, forjando um sistema no espaço internacional.

Devido ao caráter mundial do capital, a forma política se estabelece num plano nacional, mas dá-se também num conjunto de países, o que implica uma referência interestatal recíproca, a partir das mesmas formas sociais. Na experiência histórica, os Estados vão surgindo em paralelo. Na Europa moderna, é num mesmo tempo que se erigem, em muitos territórios, as instituições políticas formalmente distintas e apartadas dos produtores, indivíduos, grupos e classes. A simetria entre variados Estados que surgem na mesma época é devida às mesmas relações sociais, de tipo capitalista, que vão tomando corpo em todo esse espaço comum.

O fato de que o capital se estabelece em relações de produção que se esparramam em um espaço necessariamente maior que o de uma unidade de Estado específico engendrou a constituição de tal forma política num coletivo de territórios. Onde estão relações de produção capitalistas, está também o Estado. Mas, por si só, apenas isso não explica que os Estados existam no plural. Teoricamente, pode-se imaginar que, sobre esses mesmos territórios, a necessária forma estatal que deriva da reprodução capitalista se unificasse em torno de um único Estado, o maior possível – virtualmente alcançando a extensão mundial. Contudo, ocorre que o estabelecimento de relações de tipo capitalista se deu por meio de múltiplos Estados individualizados, que se integram numa rede de competição, concorrência, apoio e estabilização recíproca. Tal unidade não é apenas uma estratégia do capital, mas, previamente, é uma contingência da evolução factual das sociedades. Historicamente, a constituição dos Estados se faz a partir da pluralidade e da concorrência de estruturas e instituições já dadas – feudos, unidades econômicas autônomas, regiões sob o domínio de grupos específicos de poder, territórios comungados por língua, tradições, fé etc. É a partir de tais espaços singulares que, socialmente, se levantam formas políticas e jurídicas e instituições similares às de outros espaços. Embora essa pluralidade de início – territórios e tecidos sociais distintos e em concorrência – seja uma contingência histórica, é verdade que a sua resultante, a forma plural dos Estados, revelou um alto grau de virtude à dinâmica da exploração capitalista.

A forma política capitalista faz de cada espaço delimitado pelo Estado um singular amálgama de classes exploradoras e exploradas, intermediadas e em relação direta com a política patrocinada pelo ente estatal. A nação ou a sociedade são configuradas com base nesse cimento que o Estado proporciona às classes jungidas a partir de específicas explorações. Tal constituição de espaços e sociedades se dá com base nas relações econômicas já assentadas, mas sobre elas interfere diretamente. Os Estados podem privilegiar um grupo burguês em face de outro, podem dar condições jurídicas maiores ou menores aos trabalhadores, podem direcionar os investimentos de infraestrutura em favor de tal ou qual interesse. Por sua vez, na condensação específica de relações sociais concretas dos exploradores e explorados sob a forma estatal, há também uma relação direta, de conflito ou harmonia, com o capital, as classes e os grupos sociais estrangeiros.

Além das razões internas de constituição da forma política necessária à reprodução do capital, o capitalismo encontra grande importância no estabelecimento de um sistema plural de Estados. Em razão dos interesses externos do capital, é proveitoso que haja um sistema de Estados, e não um Estado geral mundial. A forma política capitalista há de se revelar como estatal e inexoravelmente plural: somente com a multiplicidade de Estados se estabelecem e se cimentam plenamente os mecanismos da reprodução do capital, porque a concorrência entre Estados dá unidade estrutural e ideológica ao acoplamento entre a exploração da força de trabalho e o interesse do capital nacional. Nesta unidade estatal mergulhada em um sistema de Estados, cada ente constitui um amálgama de interesses e de junções de exploração que se põe em competição com outros entes. A funcionalidade capitalista da pluralidade dos Estados nacionais se revela como a possibilidade de que a competição estabeleça uma específica junção de classes e interesses dentro do território de cada Estado, aumentando o grau de exploração interna diante das variáveis exteriores.

No capitalismo, os conflitos entre as classes burguesas e as classes trabalhadoras nunca se esgotam num cálculo apenas interno, que vislumbrasse apenas o conjunto das relações econômicas, políticas e sociais havidas no seio de seu território estatal. Num sistema plural de Estados, aos pleiteados ganhos das classes trabalhadoras o capital opõe, em geral, a concorrência internacional: os custos de produção comparativos, a ameaça de transferência de unidades industriais a outros territórios etc. Também a política de cada Estado se constitui a partir dessa referência ao exterior. Por exemplo, os tributos são discutidos considerando os custos do capital nacional em concorrência com os capitais externos, que pagam em seus países de origem outras cargas tributárias. Assim, a competição entre Estados enfraquece, necessariamente, a luta de classes interna de cada país. Se é verdade que o poder da burguesia de cada Estado não é absolutamente pleno nem autônomo quando em competição com as classes burguesas externas, isto é mais claro e danoso para as políticas do próprio Estado e, em especial, para as classes exploradas. A todo momento, em nome da concórdia, pactos sociais internos são selados tendo em vista o estabelecimento de boas condições de reprodução do capital local em relação à concorrência com o capital externo.

É justamente na constituição de uma unidade concorrencial interna, em comparação com o externo, que se dá um dos elementos mais importantes das específicas redes de reprodução do capital. Os Estados se apresentam como unidades competitivas entre si, clamando por reiterados sacrifícios das classes trabalhadoras internas a fim de dar condições de competitividade do capital nacional em relação ao capital mundial. Nesse sentido, é improvável a existência de um Estado mundial global, sob o risco de o capital e a política perderem as vantagens e ganhos da competição entre Estados plurais. As condições da concorrência capitalista necessitam de unidades políticas distintas em benefício das lutas pela valorização do valor.

As articulações entre os Estados devem ser pensadas como necessidades da reprodução interna do capital e também como imperativos de sua reprodução internacional. Tendo em vista potenciais guerras advindas do exterior, cada Estado justifica o fortalecimento de meios de segurança e paz para dar continuidade à ordem suficiente à reprodução social. Os tratados e convênios também ensejam tais meios. Ao mesmo tempo, a circulação de capitais e de pessoas entre unidades políticas distintas necessita do aparato de referenciais diplomáticos comuns. Mas, além disso, a constituição de blocos, de mercados comuns, de instituições multilaterais e internacionais permite que haja condições melhores para a concorrência entre Estados e também para que o capital encontre menos obstáculos ao seu processo de valorização. Tratados de liberalização de comércio e investimentos ensejam o trânsito dos capitais especulativos mediante uma desarticulação comum do poder de cada Estado nacional. A dependência dos Estados em relação ao capital exterior nunca é apenas um processo instituído por razões endógenas. Realizá-lo individualmente é induzir-se a sofrer uma grande fragilização comparativa. Ainda mais, o estabelecimento das regras de afirmação dos capitais sobre os limites dos Estados nacionais se faz a partir de relações verticais, dos Estados mais fortes sobre os mais frágeis, ou dos grandes grupos de capital e seus interesses em face de sociedades e Estados menos imunes às suas injunções. O sistema de concorrência assimétrica entre capitais e Estados leva a amplas formas de imposição de ajustamentos da política aos interesses do capital.

Além das razões originárias – o estabelecimento de unidades estatais em espaços constituídos por motivos próprios, como a crença, a língua ou a forja do poder e das guerras –, o sistema de Estados se mantém pela própria dinâmica de pluralidade necessária à reprodução do capital. Embora assentado nas garantias dos Estados nacionais, o capital estabelece específicos meios de coerção e exploração na competição entre os vários Estados e suas respectivas classes sociais. O mesmo processo de circulação e reprodução a partir da pulverização dos agentes individuais se dá com a pulverização dos espaços políticos.

A pluralidade de Estados faz um balanço contínuo entre dois tipos de contradição social: o antagonismo das classes no plano nacional e aquele das classes internas em amálgama de sua exploração perante o antagonismo internacional. Se a forma política do Estado nacional não se faz acompanhar, internamente, da prevalência de uma específica classe burguesa ou de alguma de suas frações e, ainda assim, garante a reprodução geral do capital, do mesmo modo, a pluralidade de Estados não enseja uma política mundial única do capital, mas, operando a valorização do valor em escala internacional, garante ainda, pela concorrência internacional, a majoração das explorações internas, contribuindo também para bloquear processos de unificação das classes trabalhadoras do mundo.

4.2. Forma política e imperialismo

A pluralidade de Estados se assenta, no plano do direito, na base de uma subjetividade política pública indistinta, igual e universal. Todos os Estados são equiparados formalmente. Entre si, as relações devem ser presumidas como de coordenação, e não de subordinação. Sendo subjetividades jurídicas portadoras de liberdade e soberania, iguais entre si, os Estados só podem ter por liames, em suas relações recíprocas, instrumentos tradicionais e considerados excelentes como os tratados, acordos, convênios e convenções, que presumem o respeito à soberania e a igualdade formal e a autonomia da vontade de cada um e de todos os entes políticos. Tal qual a subjetividade jurídica que opera a circulação mercantil e a exploração da força de trabalho por meio de salariado pelo capital, também entre os Estados as mesmas formas sociais, políticas e jurídicas dão base às suas relações estrangeiras.

Ocorre que o mesmo processo estrutural de exploração que permeia o campo da vida interna das sociedades capitalistas também se estabelece no campo internacional. O capital haure sua dinâmica justamente nas formas políticas estatais que lhe são típicas e opera, também por tais meios, num processo de exploração de escala mundial. A igualdade formal entre os Estados tem por base uma profunda desigualdade material entre eles próprios. A sua soberania política e a sua liberdade para compactuar com outros Estados e organismos se erigem a partir de relações de dependência e fragilidade, permeadas por lutas e interesses de classes e grupos em planos nacional e internacional. Por meio de mecanismos de controle, violência, guerras, ameaças, alianças, apoios recíprocos e privilégios, os Estados se configuram em uma pluralidade necessariamente desigual. Do mesmo modo que a exploração do capital passa pelo Estado singularmente, para sustentar, na sua objetivação de relações materiais, uma sociabilidade de divisão e antagonismo, passa também pelos Estados em seu conjunto, para sustentar e promover a mesma cisão social e, além dela, uma efetiva distinção de poder entre tais unidades políticas no concerto de sua pluralidade.

A forma política estatal acaba por ser o instrumento de operacionalização da divisão social internacional mediante talhes de soberania, igualdade entre Estados e liberdade nas decisões políticas. É na igualdade formal dos Estados que opera a sua desigualdade concreta. Justamente porque as formas sociais capitalistas se impõem a um vasto conjunto de entidades estatais, elas apresentam um emparelhamento relacional. O manejo das interligações entre Estados e entre capitais e indivíduos, no plano internacional, se faz permeado pela forma jurídica e pelos tratos técnicos advindos da consubstanciação entre direito e Estado. Tal processo de consubstanciação é generalizado nas sociedades capitalistas e, portanto, permite uma tecnicidade universal.

A igualdade formal entre os Estados está plantada numa profunda desigualdade real, que se desdobra em duas esferas: a distinta condição de poder entre esses próprios Estados e a diversidade das forças e da dinâmica do capital no seio de tais unidades políticas e no mundo. A diversidade material na pluralidade dos Estados deve ser pensada tanto como desigualdade política quanto como desigualdade econômico-social. O poder político e o poder econômico acabam por ser vetores dúplices, que se articulam, mas que, justamente por se basear em formas conexas porém distintas, portam contradições. O político e o econômico se separam nas formas sociais capitalistas. No plano internacional, a mesma separação será empreendida. Assim, pode-se falar da ação política e da ação econômica no espaço mundial, embora, na maior parte das vezes, ambas estejam acopladas.

É verdade que o capital opera mediante uma engrenagem múltipla, fazendo com que, no mais das vezes, frações das burguesias dirijam o Estado, cuja forma política é necessária e correspondente à valorização do valor. No entanto, tal captura do Estado pelas classes burguesas se erige a partir de uma forma necessária que é terceira aos indivíduos, grupos e classes. Materializada em instituições, poderes, aparatos e práticas, a forma política tem o Estado como uma condensação social específica, que não é totalmente coincidente com o capital ou com os seus movimentos. Daí, no plano internacional, dá-se uma duplicidade: há tanto uma política dos capitais quanto uma política dos Estados. Ainda que quase sempre a política internacional dos Estados seja aquela que mais interessa aos seus capitais, tal processo não é imediato nem linear. Nessa dinâmica, permeiam materialidades distintas e antagonismos sociais.

Pela própria posição estrutural, o Estado tem na dinâmica de reprodução do capital a sua constituinte existencial. É vital à política estatal a manutenção das bases da exploração econômica capitalista e, para isso, a acumulação internacional se revela um instrumento fundamental. A exploração levada ao exterior permite maior fôlego econômico interno, dando às classes burguesas melhores condições de reprodução, ensejando também a minoração de algumas contradições sociais quanto às classes e aos grupos nacionais explorados. Além disso, a dinâmica internacional do capital permite uma cadeia econômica que acaba por carrear, tributariamente, riquezas ao próprio Estado dominador. Daí a atenção dos Estados nacionais à posição dos seus capitais nativos no plano exterior, tanto pelo interesse manifesto das suas classes burguesas quanto pela própria estrutura das relações estatais.

O poder internacional dos Estados, em benefício de seus capitais, opera por mecanismos jurídicos mas, principalmente, mediante instrumentos econômicos, políticos ou militares. No plano econômico, há uma rede de poderes e submissões que determina as possibilidades e os horizontes das políticas nacionais. Dadas as diferentes dinâmicas do capital, há, por exemplo, Estados reféns de outros que lhe sejam credores. Capitais que operam a dinâmica capitalista de um país são, em grande parte, externos, deslocando o centro das decisões econômicas nacionais para fora. No plano político, há variados graus de coesão interna e de resistência, enfrentamento ou projeção em face das estratégias políticas internacionais. Há Estados diretamente dominados por frações de capital interno ou externo. Há diversos graus de luta de classes, que engendram expectativas e urgências políticas. Ainda na sociabilidade política, no plano ideológico ou cultural, há autodimensionamentos das possibilidades externas de um país ou dos valores e interesses que devem mantê-lo. No plano militar, há uma complexa diversidade de forças que implica, imediatamente, múltiplas hierarquizações das possibilidades políticas e econômicas.

No plano internacional, as dinâmicas e os conflitos não se dão apenas entre unidades políticas estatais tampouco têm por único motivo a reprodução do capital. É verdade que as formas políticas dos Estados se estabelecem a partir dessa sociabilidade capitalista, cuja exploração da força de trabalho pelo capital enseja aparatos políticos unitários e singulares entre si. Mas os Estados agrupam e constituem relações sociais múltiplas entre classes, grupos, nações, povos, crenças, valores e interesses estratégicos. Ideologicamente, o domínio de territórios e povos se fez, na maior parte das vezes, com justificativas como a superioridade da civilização, da crença ou da raça. Tal multiplicidade de relações, conflitos, interesses e estratégias é causa de variados conflitos internacionais, tanto entre Estados quanto entre povos ou grupos, e são espelhos, muitas vezes, de contradições havidas nos próprios tecidos sociais internos.

Os capitais se estabelecem em um plano internacional, mundial, mediante formas que são necessariamente arraigadas num espaço local – formas que constituem tal espacialidade. Ocorre que tal processo é de implicação recíproca: as determinações locais, com suas próprias condicionantes sociais, não podem desconhecer a sua inserção nas relações exteriores. Há uma necessária complexidade na interação entre o local e o mundial na interseção entre capital e forma política. O movimento do capital se faz permeado por forças políticas locais, que respondem a lutas de classes nacionais e internacionais e que são resultado delas. Mas o capital não apenas desliza indiferentemente entre Estados. Acoplados a Estados específicos, os capitais operam um processo – variado e contraditório – de exploração e dominação. Assim, por força política e social, mas também e principalmente do capital, dá-se uma clivagem entre Estados e territórios, erigindo entre eles uma hierarquização material, política e social. Trata-se de um processo de desenvolvimento desigual – embora atrelado entre seus polos – dos Estados e territórios. Tal evolução quase nunca é só realizada pelo capital ou só pelo Estado; na dinâmica geral das relações do capitalismo, empreende-se um processo conjugado. Em se tratando de um movimento político e econômico, estabelecendo, entre Estados, territórios, sociedades e economias uma hierarquização com vetores de poder e submissão, entende-se tal dinâmica geral como *imperialismo*.

Tomado em sentido lato, o imperialismo consiste na hierarquização dos espaços políticos e econômicos mundiais. Ele se caracteriza por uma distinta posição do Estado e do capital em múltiplos territórios, envolvendo domínio, supremacia, subordinação e exploração, num processo de reprodução reiterado historicamente. A hierarquização é construída e mantida de modo material, por meio das relações sociais práticas e concretas de poder que articulam a economia, a política, a sociedade e a hegemonia tanto dos espaços dominantes quanto dos espaços dominados. Sua constante alimentação econômica é a tendência expansiva do capital, que, embora atrelado a formas políticas nacionais, não encontra nelas seu limite. O imperialismo é um processo relacional, concreto socialmente e, raras vezes, fundado ou explicitado em categorias normativas políticas ou jurídicas, embora possa eventualmente comportá-las – como no caso do colonialismo e das suas distinções formais entre metrópole e colônia ou, nos tempos presentes, do privilégio assentado formalmente de alguns Estados no Conselho de Segurança da ONU.

Dinâmicas de imperialismo existem desde os modos de produção pré-capitalistas. No entanto, contrastam com a sua operação mediante as formas capitalistas, pois estas se estabelecem de modo próprio, tendo por unidade condensadora a forma política estatal. Nas suas manifestações da atualidade, o imperialismo se dá quase sempre numa relação entre dois ou mais Estados, numa amarra de poder a partir de um Estado dominante que mantém, no entanto, a forma política soberana e autônoma das unidades estatais submetidas. Em manifestações históricas anteriores, mas ainda dentro do próprio desenvolvimento primitivo do capitalismo, o imperialismo resultou em total domínio de um território por um Estado estrangeiro, em formas como o colonialismo. Necessariamente o imperialismo se associa à forma política estatal, ainda que em distintos arranjos. No passado, estava mais ancorado em um Estado apenas, que se impunha a territórios que ou não tinham sua soberania política ou que, se a tinham, sofriam então seu aniquilamento. No presente, funda-se numa articulação entre dois ou mais Estados, que se relacionam em um processo de subordinação a partir das formas políticas semelhantes estabelecidas em todos eles.

O traço da desigualdade material entre Estados não é uma exceção na história do sistema político mundial, mas, sim, uma base constante que permitiu, inclusive, a configuração do capitalismo nos moldes em que atualmente se apresenta. O surgimento do capital se fez acompanhado de um processo de dominação e exploração que estabeleceu distinções sociais ao mesmo tempo internas e externas. Internas na medida em que a acumulação primitiva de capitais operava a separação entre trabalhadores e meios de produção, compungindo massas a vínculos de exploração nas quais se estabeleceram os quadrantes gerais do sistema de extração de mais-valor. Externas na medida em que a própria acumulação de capitais se deu com base na conquista de territórios, riquezas e até mesmo mão de obra escrava em regiões periféricas ao círculo das sociedades capitalistas, engendrando distinções econômicas e políticas entre regiões do globo.

A dinâmica histórica internacional do capitalismo revela, desde seu início, seu caráter de dominação e exploração imperialista, procedendo à hierarquização entre regiões do mundo. As colônias nas Américas, na África, na Ásia e na Oceania, sistematicamente já desde o século XVI, dão dimensão de um processo de subordinação espacial da sociabilidade internacional que remonta aos primórdios do mercantilismo. No século XIX, uma nova fase de imperialismo colonialista acabou por deslindar outra forma de sua caracterização, num processo constante de guerras por domínio territorial cujo saldo final se revelará nas duas guerras mundiais. No século XX, o sistema internacional de Estados é, também, perpassado por disputas de poder e de exploração do capital, como se percebe nas divisões entre leste e oeste na Guerra Fria e na divisão norte-sul, com a dependência econômica do capitalismo central de grande parte do globo.

Quando a forma política estatal surge, ela opera à exploração capitalista em escala mundial, porque a desigualdade exterior é uma de suas bases materiais. As dominações são estabelecidas de Estado a Estado, ou de Estado a território sem forma política estatal autônoma. Se o processo do imperialismo é capitalista em seu centro dinâmico, não necessariamente o é em suas periferias. A partir de um motor político-econômico capitalista de um Estado já estabelecido, as dominações se impõem em espaços territoriais já capitalistas ou então em regiões com outros modos de produção ou formação social. Historicamente, o imperialismo capitalista explorou sociedades primitivas, servis e escravistas. Nessa dinâmica, as sociedades exploradas são penetradas pelas formas do próprio capitalismo, que até então desconheciam ou albergavam em circuito parcial. O domínio empreendido por Estados e capitais centrais diante de sociedades periféricas leva a uma universalização das formas capitalistas, ao menos naquilo que seja necessário, nos territórios explorados, para sua operacionalidade na garantia das propriedades, da circulação mercantil e da exploração da mão de obra assalariada.

Dada a multiplicidade de formações sociais entre sociedades exploradoras e exploradas, estabelecem-se variadas relações de dominação e dependência na dinâmica do capitalismo, que procedem à espoliação e à acumulação a partir de um arco de estruturas sociais que vai de condições primitivas de produção até de escravidão e de servidão, mas revelando, sempre, um manejo político-econômico-militar de imperialismo, cujo motor principal é o capital. Historicamente, a hierarquização entre Estados e territórios não se configura como um fenômeno típico apenas de uma fase da evolução do capitalismo mundial. Embora Lenin tenha encontrado traços marcantes de uma de suas fases ao final do século XIX e início do século XX – quando se pode falar até mesmo de um imperialismo autodeclarado e típico, em sentido estrito –, todas as fases do capitalismo foram e são imperialistas, em sentido lato. Os períodos coloniais das Américas, até o início do século XIX, e da África, até a segunda metade do século XX, dão demonstração de que, em seu passado, as sociedades capitalistas se instalaram e foram forjadas num arco mundial de explorações e hierarquizações territoriais. Atualmente, as permanentes situações de guerra em alguns países do mundo árabe, deflagradas ou apoiadas diretamente pelas principais potências mundiais, demonstram a apropriação do petróleo ainda como um motor imperialista do capitalismo contemporâneo.

É certo que tais relações de dominação e exploração pelo mundo revelam, historicamente, pluralidade e variedade de manifestações de imperialismos, mas sempre tendo por motor o capital e o Estado, ainda que apenas em um dos seus polos. A exploração capitalista de sociedades com formações pré-capitalistas revela um imperialismo com ausência de correspondência de formas políticas entre exploradores e explorados. As colônias são territórios subordinados diretamente, no plano político e jurídico, às suas metrópoles; um Estado toma para si, de modo direto, regiões alheias. Para além do colonialismo, as formas modernas de imperialismo já operam assentadas em uma relação entre Estados juridicamente soberanos. A prevalência do capital estrangeiro em regiões pobres faz com que inúmeros Estados do mundo sejam controlados por Estados e capitais exógenos, ainda que se respeite a soberania política e a igualdade jurídica. Trata-se de uma subordinação informal, que opera em marcos de captura das classes econômicas e políticas dominantes do Estado subjugado pelo capital e pela política do Estado imperialista. Também o imperialismo não é um processo binário. Pode haver arranjos entre Estados imperialistas, articulando redes formais e informais de relações de exploração e dominação. Tratados, acordos, alianças, grupos ou políticas comuns se estabelecem tanto da parte de Estados dominadores como, por sua vez, também por parte de Estados dominados.

A relação entre Estados ou entre Estados e territórios, pelo mundo, também opera, na contemporaneidade, de acordo com os referenciais do direito internacional e das organizações internacionais. Cada Estado, tomado como uma subjetividade pública internacional, está assentado num sistema jurídico de igualdade e de respeito à soberania. Daí resultam instituições internacionais que formalmente são recebidas pelos Estados a partir de sua vontade autônoma. Também por meio jurídico se instauram alinhamentos entre Estados, tanto militares quanto de comércio, tecnologia ou política. Ocorre que o direito internacional e as organizações internacionais são expressão direta de relações de força, a partir de específicas contingências de poder militar, econômico e social e, daí, de desigualdade. A forma política da subjetividade do ente estatal, igual à dos demais Estados, enseja a articulação mundial do capitalismo; seus arranjos e suas instituições internacionais são consolidados a partir das diversas posições materiais dos Estados, revelando, necessariamente, o caráter imperialista do arranjo mundial. As formas políticas e jurídicas, nacionais e internacionais, antes de serem formas de contenção da exploração, são justamente as formas que constituem e permitem a exploração capitalista no plano mundial.

O aumento do poder do direito internacional e das organizações internacionais, na atualidade, revela a sua natureza estrutural e a sua operacionalidade funcional. No presente, dada sua maior fraqueza relativa perante o grande capital plenamente internacionalizado, os Estados só conseguem lograr um modelo mais estável de acumulação numa frente ampla de coordenação política, econômica e jurídica. Com isso, permite-se um estabelecimento de padrões comuns ao capital, dando ainda maior esteio à sua dinâmica de exploração e de valorização, o que gera, também, uma crise político-econômica comum além de modos engessados e unificados para seu tratamento – o que se verifica, por exemplo, no caso da União Europeia. Os atuais marcos jurídicos e institucionais internacionais espraiados são, antes de uma contenção do capital, a sua possibilidade de expansão ainda maior.

As fases estritas de imperialismo são identificadas, no final do século XIX e na primeira metade do século XX, como um domínio expansivo e violento de capitais e territórios por meio de guerras – desde o novo colonialismo na África até as guerras mundiais. Mas o período do pós-Segunda Guerra estabelece um imperialismo diverso, assentado sobre bases econômicas e políticas fordistas. O crédito a países periféricos ou arrasados pela guerra fez com que os Estados Unidos despontassem como potência hegemônica do capitalismo. No plexo político dos Estados Unidos se assentaram as instituições que organizaram a dinâmica e a hierarquia internacional da segunda metade do século XX – ONU, Otan, FMI, Banco Mundial, dólar como reserva monetária internacional etc. No polo soviético estabeleceu-se um plexo secundário do sistema mundial. O mundo capitalista periférico – então chamado terceiro mundo – submeteu-se ao capitalismo central.

Tal imperialismo fordista do capital é transformado desde a década de 1970, a partir do rompimento de seus marcos pelos próprios Estados Unidos. Conforme se verificará no próximo capítulo, um pós-fordismo, que politicamente se assenta em bases neoliberais, ensejou uma sobreposição internacional ainda mais pronunciada do capital em face dos Estados. A maior liberação do capital financeiro e especulativo fez com que toda a cadeia da reprodução capitalista passasse a depender de um circuito de decisões econômicas cada vez mais internacional, diminuindo as amarras dos controles políticos dos Estados. Nessa nova fase do capitalismo, muitas das instituições do imperialismo fordista são mantidas, mas com maior insuficiência dos Estados em coordenar a movimentação do capital. Com o fim do bloco soviético, os Estados Unidos ascendem à posição de superpotência única, com um poderio militar incontrastável pelos demais países. Esse processo é de transferência do centro de decisões dos Estados para o capital internacional e, ao mesmo tempo, de reordenação das funções políticas estatais no contexto das relações mundiais. Entre si, os Estados passam a atuar no sentido de uma sistemática concorrência para oferecer aos capitais melhores condições para o investimento, disputando a sua internalização. Tal processo leva à fragilização das condições sociais internas, o que gera novos e específicos conflitos, demandas e lutas.

No imperialismo pós-fordista, ao mesmo tempo que os Estados Unidos se erigem como a única superpotência mundial, constituindo-se, na sua materialidade econômica, política e militar, como centro do sistema-mundo capitalista contemporâneo, ao seu lado soma-se uma constelação de Estados principais do capitalismo – China, Japão, países europeus, entre outros. Ainda que estabelecida sobre intensa competição econômica e grandes antagonismos estratégicos, a operacionalização da política internacional de tais países centrais tende a uma coordenação, na medida em que estão todos submetidos ao mesmo processo de acumulação. Nos países periféricos do mundo, as margens de opção política e as condições de oferta para o capital terminam por ser ditadas a partir das possibilidades e da dinâmica do capitalismo central. Nesse sistema de múltiplos núcleos de poder e decisão, de corte neoliberal e regressista em termos sociais, os conflitos políticos e econômicos aumentam na medida das profundas crises ensejadas pelas suas particularidades.

A ausência de um número maior de guerras frontais entre Estados, dada a supremacia militar dos Estados Unidos, reelabora o poder militar e também a violência interna e internacional. Os Estados assumem um papel militar-policial. Na medida em que a política do capital não mais enfrenta um grande número de Estados inimigos, o conflito se concentra nos indivíduos, grupos e classes que agem dentro e fora de cada território estatal. O terrorismo é a forma manifesta dessa operação dos conflitos que afeta a processualidade da vida posta sob condições políticas já dadas. O maior assentamento do poder do capital internacional sobre os Estados, fazendo-os operar para oferecer condições melhores à sua internalização, torna os Estados menos permeáveis socialmente e politicamente mais repressivos, fazendo com que a luta social cada vez menos vislumbre a tomada transformadora do poder nesses próprios Estados, como era o caso das lutas de libertação ou das revoluções no século XX. O terrorismo, como violência arquetípica dos tempos pós-fordistas, maneja politicamente um mundo de aparentes impossibilidades, cujas formas não encontram, imediatamente por horizonte, mudança estrutural.

As mudanças do capitalismo contemporâneo, a partir da década de 1970, fazendo com que o capital se estabelecesse ainda mais como um superpoder para além dos Estados nacionais, não só enfraquece relativamente os Estados como também instaura uma dinâmica própria nas suas relações internacionais. As hierarquias entre Estados se apresentam agora insculpidas em condições que dependem de uma decisão internacional do capital, o que se encontra para além das tradicionais forças internas, até então quase sempre advindas do poder militar, das forças produtivas próprias ou das vantagens geográficas e naturais. Mas, mesmo nessa fragilização relativa, os Estados não perdem seu papel de plexo condensador da reprodução do capital. Ainda que as decisões de investimento sejam deslocadas dos Estados para o capital internacional e que o poder militar se restrinja à polícia, rebaixando o perfil da política nacional, mesmo assim os Estados continuam a conformar e a garantir a dinâmica do capital. As garantias das propriedades, dos contratos, a exigibilidade dos vínculos jurídicos ou a necessidade da garantia da ordem interna para o desenvolvimento do capital, por exemplo, se mantêm e, na verdade, se exponenciam nas condições contemporâneas do capitalismo. A atual perda relativa do poder econômico dos Estados se faz acompanhar de um pleito do capital por segurança jurídica e força policial desses mesmos Estados, como forma de garantia da sua própria reprodução. O redivivo peso do constitucionalismo e o moralismo jurídico – o que denomino juspositivismo ético – das décadas finais do século XX e do início do século XXI são demonstrações de funções políticas alteradas, mas, jamais, de fim da forma política estatal.

O poder do capital, majorando-se no plano internacional, altera a soberania efetiva e as funções dos Estados nacionais. Pode-se vislumbrar uma dinâmica do capital presente por sobre os Estados, sustentada inclusive ideologicamente por uma cultura de valores e negócios dos capitalistas e de seus gerentes que já é comum às franjas das classes dominantes na maioria dos países. Mas esse poder do capital *por sobre* os Estados se faz, necessariamente também, passando *pelos* Estados. Chamar o poder do capital internacional de Império, como o fazem Hardt e Negri, só seria possível na medida em que se somasse ao conceito a necessária existência da forma política estatal e da forma jurídica como seus lastros garantidores nos planos nacionais. A materialidade da exploração econômica se faz permeada ainda pelas condições estruturais de sociabilidade do capital, insculpidas pela forma jurídica e pela forma política estatal.

O poder do capital internacional sobre os Estados é também por meio dos Estados. Daí que se preservam as diferenças entre as materialidades sociais dos Estados, o que enseja na atualidade uma majoração da sua concorrência para a recepção dos capitais. Trata-se de um processo complexo de lutas e interesses. Os Estados continuam a se assentar, internamente, sobre uma pluralidade de relações sociais conflituosas e exploratórias, permeadas pelas lutas de classes. Além disso, tais bases sociais e tais formas políticas são perpassadas externamente pela disputa de condições concorrenciais que se somam a uma multiplicidade de conflitos entre Estados e territórios. As lutas por distinções locais favoráveis ao capital preservam e majoram as hierarquias no plano internacional, que são ainda realimentadas até mesmo com novas formas de disputas econômicas, políticas, militares e ideológicas. O poder mais internacionalizado do capital demonstra, assim, não só uma dinâmica contra os Estados, mas, sim, dos Estados, revelando-se como instrumento privilegiado pelo qual opera o imperialismo contemporâneo.

REFERÊNCIAS BIBLIOGRÁFICAS

Boron (2002); Caldas (2015); Carnoy (1990); Hardt e Negri (2001); Hardt e Negri (2005); Harvey (2004); Harvey (2011); Hirsch (2007); Hirsch (2010); Holloway (2003); Lenin (1986); Marx (2008); Marx (2011a); Marx (2011b); Marx (2011c); Marx (2013); Miéville (2006); Offe (1984); Postone (2008); Poulantzas (1975); Poulantzas (1977); Santos (2008).

5. Estado e regulação

5.1. Capitalismo, Estado e regulação

A relação entre capitalismo e Estado se estabelece a partir de uma penetração do econômico no político, num processo de implicação recíproca; as duas regiões do todo social se erigem e se estruturam conjuntamente. Tanto a economia capitalista não existe sem uma forma política estatal correspondente quanto esta só pode existir nas condições de reprodução econômica capitalista. Tal manifestação dúplice, no entanto, é eivada de contradições. A relação entre economia e política, no capitalismo, não se estabelece e se reitera de modo automático, nem pode ser pensada como uma derivação lógica de todos os seus termos, tampouco se apresenta como portadora de funcionalidades necessárias. A articulação entre o nível econômico e o nível político das sociedades capitalistas apresenta variações, contradições, conflitos e rupturas. No capitalismo, as formas da sociabilidade se estruturam em relações de exploração, dominação, concorrência, antagonismo de indivíduos, grupos, classes e Estados. O conflito e a crise são as marcas inexoráveis da reprodução capital.

É só sobre esse pano de fundo, de instabilidade estrutural, que se assentam os eventuais ciclos de estabilidade e continuidade no campo da reprodução social, política e econômica capitalista. No seio de uma dinâmica geral que é necessariamente de conflito e crise, a existência de determinada fase estável na continuidade da reprodução social capitalista envolverá uma reiteração de práticas, horizontes e mecanismos econômicos, políticos e sociais específicos. Tais arranjos sociais, que aglutinem uma perspectiva comum de produção, relação entre classes, participação política, sociabilidade geral, valores e compreensão de mundo, estabelecem uma hegemonia social geral, de acordo com a proposição mais conhecida do termo, por parte de Gramsci. Ocorre que tais fases amplas de estabilidade são permeadas pelas necessárias estruturas da reprodução capitalista: contraditórias por natureza, geram tanto crises no seu seio quanto a própria desestruturação de sua coesão.

Fases capitalistas que atravessam períodos de estabilidade tendem a generalizar seu padrão de funcionamento, naturalizando-se como se fossem modelos únicos ou exemplares das formas de sociabilidade, olvidando que a própria estabilidade contém o instável estrutural da exploração capitalista. O capitalismo do pós-Segunda Guerra Mundial tendeu a enxergar nas suas estruturas um padrão geral a ser continuamente reproduzido. Com sua crise, emergem formações sociais com graus de instabilidade ainda maiores, nas quais os Estados assumem funções e papéis distintos. Para se estudar as específicas naturezas de tais arranjos relativamente estáveis historicamente de reprodução do capital, tanto o estudo das suas bases econômicas quanto o de suas condições políticas e sociais são necessários.

Dentro do horizonte de estabilidades e rupturas e crises na totalidade social – tomando-se o problema das variadas relações entre a economia capitalista e as formas políticas que lhe correspondem –, nas décadas finais do século XX foi produzida uma série de reflexões de correntes teóricas que podem ser denominadas escolas da *regulação*. No quadro de tais abordagens, muito distintas entre si no que tange aos seus escopos e leituras, há algumas que se destacam por uma perspectiva crítica mais radical, dialogando com o marxismo. O âmbito das análises das teorias da regulação está na compreensão de categorias econômicas das sociedades capitalistas que consigam acoplar, para além daquelas que explicam os termos gerais da reprodução social, também as ferramentas explicativas médias, que deem conta do entendimento das variáveis político-econômicas que constituem as grandes fases internas do capitalismo. Trabalhando com categorias intermediárias, as teorias da regulação buscam escapar de um aprisionamento à análise de questões pontuais – que levaria a uma perspectiva tecnicista da economia, cega porque ocupada apenas de modelos parciais – e tornam concreta a grande análise da economia política marxista, aplicando-a às mudanças das articulações que se dão no seio das variadas fases do capitalismo. Assim, tais categorias intermediárias da economia política se prestariam a apontar as fases de estabilidade e suas rupturas dentro do capitalismo, como as alterações havidas entre o capitalismo liberal do século XIX e o capitalismo de guerra no século XX, ou, neste mesmo século, entre o capitalismo de bem-estar social do pós-Segunda Guerra Mundial e o capitalismo neoliberal. Trata-se de trabalhar, no contexto da analítica geral do capitalismo, as suas específicas fases e suas correspondentes regulações.

Buscando ser acopladas às ferramentas gerais da leitura marxista, categorias de abrangência intermediária propostas pelas escolas da regulação apresentam duas delas como de maior relevo teórico: *regime de acumulação* e *modo de regulação*. A primeira categoria dá conta das próprias dinâmicas econômicas constituintes de cada uma das fases internas do capitalismo. A segunda categoria busca compreender as específicas articulações do econômico com o político e o social nessas mesmas fases. Regime de acumulação e modo de regulação não são ferramentas que trabalham com objetos sociais distintos, mas ênfases em determinadas relações constituídas nesses mesmos objetos sociais.

No interior da reprodução social capitalista, cada uma de suas grandes fases se assenta sobre um modo próprio de extração do mais-valor e de obtenção de lucro. A estabilidade de tal padrão econômico envolve específicas articulações entre as classes capitalistas e trabalhadoras. A propriedade privada e a taxa de lucro orientam variadas dinâmicas econômicas. A massa de ganho salarial impacta a produção, o comércio e as finanças. A tecnologia e os meios de produção posicionam a economia em diversos graus na consolidação de seu mercado e na sua inserção nas trocas internacionais. Nesse quadro econômico, o regime de acumulação se apresenta como uma estruturação de relações sociais capitalistas complexas que conseguem alcançar algum grau de articulação e manutenção, perfazendo uma fase sistemática no seio das instabilidades e crises do capitalismo.

No entanto, tal regime de acumulação não se constitui, apenas, numa dinâmica do nível econômico, embora este lhe seja seu primeiro motor. Para que haja a possibilidade de apropriação do resultado do trabalho de terceiros, recrutados mediante contrato, há formas sociais e uma série de mecanismos políticos e jurídicos que consolidam um núcleo institucional suficiente e próprio à acumulação. Além de serem constituídas objetivamente por tais formas sociais, as classes trabalhadoras agem no contexto dessas instituições, incorporando no mais das vezes seus valores médios – respeito à ordem, aos contratos, à propriedade privada, ao Estado. Não só o que é explicitamente público entra nessa conta institucional, mas também uma rede vasta e estrutural que perpassa entidades, sindicatos, igrejas, escolas, família, cultura e meios de comunicação de massa. A esse complexo institucional, cuja manutenção em determinadas fases consolida-se com alguma estabilidade, centrado no Estado mas maior que os seus contornos autodeclarados, pode-se denominá-lo modo de regulação.

Tome-se, como exemplo de uma fase interna do capitalismo, aquela conhecida por neoliberalismo. Ao se apresentar imediatamente como uma espécie de majoração econômica do privado em face do público, o neoliberalismo pode revelar os contornos de um regime de acumulação, privilegiando a especulação à produção, empreendendo uma maior privatização da economia, rebaixando as condições econômicas das classes trabalhadoras, com clara hegemonia social das finanças. No entanto, o neoliberalismo só pode ser compreendido se for somado ao seu específico regime de acumulação um complexo de formas políticas, lutas sociais, informações culturais, técnicas e de massa e valores que se apresentam como modo de regulação desse todo. Se há um núcleo econômico do neoliberalismo, há também, de algum modo, um núcleo político-ideológico que lhe conforma.

As categorias de regime de acumulação e modo de regulação buscam alcançar um nível de articulação do todo social específico quando comparado aos conceitos de modo de produção, de relações de produção e de forças produtivas. No que tange à noção de modo de produção, as categorias propostas pelas escolas da regulação são de abrangência menor: tratam de modelos, articulações e fases variadas dentro de um só modo de produção, que é o capitalista. As noções de relação de produção – conceito-chave para a compreensão do capitalismo – e forças produtivas são categorias ainda maiores que a de regime de acumulação e modo de regulação. Na medida em que separam o específico econômico do político-ideológico, os conceitos de regime de acumulação e modo de regulação não operam com as distinções entre meios e relações, mas os somam para separar, então, meios e relações no nível econômico e meios e relações no nível político-ideológico. Nesse sentido, as teorias da regulação lidam com recortes inspirados em variadas leituras como as de Gramsci ou de Althusser, buscando retomar e refinar, em âmbito próprio, as articulações entre infraestrutura e superestrutura apontadas no pensamento de Marx.

Na melhor leitura das teorias da regulação – bem como na melhor leitura do marxismo a respeito de base e superestrutura –, a relação entre regime de acumulação e modo de regulação não é nem a junção de elementos indiferentes entre si nem a superposição de dois iguais. Trata-se de uma coexistência estrutural, que revela um determinado grau de articulação entre seus termos. Se há uma variação de sua dinâmica – da qual resultam as múltiplas fases internas do capitalismo –, há uma unidade de fundo entre regime de acumulação e modo de regulação, em torno de uma mesma formalização social, toda ela derivada da própria forma-mercadoria.

As teorias da regulação, buscando consolidar a análise de categorias intermediárias da economia capitalista, almejam encontrar modos de estabilidade parcial numa dinâmica histórica geral de instabilidade, assentando-se, assim, sobre a perspectiva de que o capitalismo necessariamente é portador de crises. Dada a sua imperfeição estrutural, a reprodução capitalista não é passível de erigir condições de acumulação não contraditórias, tampouco tem meios de consolidar modos de regulação que estabilizem a crise e o conflito. Daí que, por sobre as camadas da crise, que é própria do capitalismo, as suas variadas fases despontam como articulações distintas, modificando um terreno que está estruturalmente ligado às condições dos terremotos típicas do modo de produção. As mudanças internas das fases do capitalismo devem-se tanto à superfície de suas alterações quanto, principalmente, à sua própria natureza – oculta no primeiro momento a uma visão imediata economicista e politicista – portadora de crise estrutural.

5.2. Forma política e regulação

Perspectivas críticas da economia política, como o são as teorias da regulação e, fundamentalmente, o marxismo, não isolam o mercado como instância natural, equilibrada ou suficiente, tal qual o fazem os economistas neoliberais. Tampouco, por sua vez, enxergam no Estado um papel de ordenar o mercado para a plena estabilidade ou o bem comum. A economia capitalista se estrutura por meio do conflito, lastreada na apropriação de capitais e no trabalho explorado, e o Estado se apresenta em relação direta com a multiplicidade das contradições econômicas e sociais.

Se o Estado não pode ser compreendido como um elemento salvador, de contraponto à lógica econômica capitalista – como ainda persistem em ver muitas teorias econômicas e políticas progressistas de esquerda –, no entanto, tampouco pode ser entendido como elemento deletério a um pretenso equilíbrio natural perfeito dos mercados – como visões de direita, miseravelmente, insistem em propalar. O papel do Estado na regulação se revela a partir da sua manifestação estrutural e funcional, como forma necessária da reprodução do capital, com sua relação correspondente com as formas mercadoria e jurídica. Somente nesse pano de fundo, na articulação das formas do capitalismo, é possível então estabelecer-se, com melhor delineamento e proveito, uma teoria crítica da regulação.

A dinâmica da reprodução capitalista se estabelece por meio de formas sociais inexoráveis a esse modo de produção. A mercadoria, sendo o seu átomo, estabelece os parâmetros pelos quais as relações sociais se apresentam. Na troca de mercadorias e, também e fundamentalmente, no trabalho assalariado é que se veem os núcleos pelos quais a estrutura social capitalista se constitui. Assim, instituições como a propriedade privada, a circulação intermediada monetariamente, a constituição de sujeitos de direito e o apartamento do controle político direto das mãos dos agentes individuais formam um complexo basilar da sociabilidade capitalista e de sua reprodução.

Um núcleo da forma jurídica acompanha necessariamente a rede da dinâmica da mercadoria e dos agentes atomizados. É verdade que as múltiplas fases do capitalismo são também distintas maneiras de estabelecimento de direitos subjetivos. Mas tais variações remanescem na base de formas necessárias, como a do sujeito de direito. Numa gama de possibilidades econômicas como aquela que vai de um liberalismo mais radical ao intervencionismo mais pronunciado, mudam as quantidades e os arranjos de direitos subjetivos afirmados ou concedidos a determinados agentes sociais, mas há sempre uma base formal de sujeitos de direito estruturando os múltiplos tecidos sociais e suas crises.

Durante grandes quebras e transformações econômicas, até mesmo instituições jurídicas menos nucleares do que o sujeito de direito costumam permanecer estáveis: o respeito aos contratos, a defesa da propriedade privada já estabelecida ou a sua indenização, e até mesmo a responsabilização civil e penal, ainda que tardia. Num caso extremo, como o das guerras, se elas rompem com esse núcleo, ao seu final um sistema nacional ou internacional do capitalismo e da política exige as reparações ao capital espoliado nos termos dos núcleos juridicamente tradicionais.

Do mesmo modo que a forma jurídica permanece relativamente estável às variadas fases, regulações e crises do capital, o Estado se estabelece como forma política necessária a esse modo de produção. A inexorabilidade da forma política não representa a sua estabilidade, a sua eficiência ou sua funcionalidade. As crises econômicas e do Estado atestam, inclusive, situações explícitas em sentido contrário. Mas, em todas elas, no seio das desestabilizações e das crises do capitalismo, os conflitos e as mudanças das políticas, dos governos e das administrações revelam que a forma estatal remanesce, ainda que com múltiplas estruturas e configurações institucionais em cada qual dessas fases. É preciso, pois, identificar um núcleo formal da política no capitalismo que se apresenta como reiterado e necessário, mesmo em meio a crises extremadas. As variações da política, no capitalismo, num vasto arco de possibilidades, se fazem como mudanças de função, quantidade, orientação e intensidade, mas sempre se consolidando em uma específica forma terceira em face das classes, dos grupos e dos indivíduos.

Somente tendo por base a inexorável relação entre as formas estruturais do capitalismo é possível, então, trabalhar com o plano de sua regulação. A reprodução social capitalista se estabelece de modo atomizado, com múltiplos agentes em concorrência. Mas tal estabelecimento é também político e jurídico. O Estado é regulador necessário da dinâmica do capital e do trabalho, não só como uma opção política, mas sim como resultado de sua forma no seio da estrutura social. Daí que as proposições dos economistas liberais em torno de um mercado ideal, alheado da intervenção econômica estatal, com agentes individuais tendentes ao equilíbrio, ou são pueris ou mal escondem seu propósito ideológico. Não há capitalismo sem formas políticas estatais necessárias. E, por outro lado, os sonhos de intervencionismo estatal como salvadores de um capitalismo de bem-estar social também revelam o desconhecimento da natureza estrutural do Estado. É pela sua forma, de modo necessário, que a política no capitalismo é capitalista.

A variabilidade de regimes de acumulação e modos de regulação no capitalismo há de ter em conta tal inexorabilidade da existência de formas econômicas, jurídicas e políticas estatais fundamentais à reprodução capitalista. É a partir dessas formas da sociabilidade, no jogo de sua confrontação e em seu seio que então se revelam outros núcleos dos arranjos sociais que exsurgem de específicas contradições, demandas, lutas de classes, grupos e indivíduos. Estabelecendo-se com base na exploração e na dominação, com antagonismo e concorrência, o capitalismo erige-se na base de arranjos sociais múltiplos. Fases capitalistas tão distintas entre si como as liberais, as de exacerbado imperialismo e guerra, as de bem-estar social e as neoliberais apresentam extremas variações de regimes de acumulação e modos de regulação, ainda que dentro de uma mesma estrutura de formas sociais. Não há múltiplas naturezas capitalistas, mas uma só em dinâmicas altamente variadas.

No encontro dessas situações múltiplas, os modos de regulação e os regimes de acumulação impactam-se também de maneiras variadas. Não há coordenação estrutural, funcional ou consciente entre a estrutura da busca de realização da valorização do valor e a construção das instituições políticas e sociais que almejem a tal fim. Justamente por se tratar de uma economia atomizada, enredada em uma série de conflitos estruturais, não é possível uma onisciência regulatória ao capitalismo, nem a parametrização de um regime de acumulação ideal ou plenamente funcional.

O Estado não é onisciente em face da regulação. Não pode prever nem assegurar uma regulação "média", ou "mais apropriada", ou mais estável. Ao mesmo tempo, o Estado não é indiferente à reprodução econômica. Suas ações, ainda que não oniscientes, impactam diretamente o modo de regulação e também o regime de acumulação e, no limite, as próprias condições gerais que ensejam a existência estatal. O Estado pode antecipar a troca de modelos econômicos, planificar o desenvolvimento, minar condições de estabilidade à reprodução, persistir em arranjos políticos, sociais e culturais que revelem atraso econômico. As crises capitalistas advêm tanto de crises de acumulação quanto de crises de regulação, podendo ser deflagradas justamente nas suas fraturas meramente econômicas ou mediante desarranjos políticos e sociais de monta. No mais das vezes, é verdade, as crises estruturais do capitalismo são crises tanto de regime de acumulação quanto de modo de regulação. Na medida em que determinado padrão médio de reprodução capitalista é também um escoramento de práticas de exploração e lucro em domínios políticos correspondentes, as crises não são, em geral, o desajuste apenas de um desses lados, mas de ambos e da própria escora constituída entre si.

As crises não são apenas um desajuste na funcionalidade e na eficiência dos padrões que se estabelecem pelas formas capitalistas, mas são, quando crises estruturais, contradição das formas. No campo econômico, a perda de soberania monetária, a inflação, a crise de preços, o rebaixamento da massa salarial ou a carência estrutural de lastro financeiro são exemplos de eventos que podem levar a crises em formas sociais, como a propriedade e a moeda. No campo da regulação, as guerras, ditaduras, extermínios, genocídios, fascismos e xenofobia são manifestações da contradição da manutenção de uma forma jurídica universalizada. A incapacidade estrutural de um circuito democrático pleno no capitalismo revela o aleatório dos regimes políticos que constituem a forma política estatal. Nas crises estruturais do capitalismo, é possível ver o choque entre as formas econômicas e as formas jurídicas e políticas. A manutenção da reprodução econômica em determinados padrões acarreta a incapacidade em persistir no reconhecimento dos direitos subjetivos. Quando em crise, o capitalismo revela o desgaste das formas jurídicas e políticas como resultado, sobre si, do peso do escoramento promovido pelas formas econômicas.

Contudo, quase sempre, no seio das formas em crise, a universalidade da forma-mercadoria faz com que o eventual desmoronamento do político e do jurídico seja sucedido por um novo e distinto arranjo, mas estabelecido numa rede dessas mesmas formas, de tal sorte que sua superação se faz com combinações e quantidades novas, contando no entanto com as mesmas categorias que as geram. As formas estruturais da relação entre economia, política e direito revelam as múltiplas contingências dessa mesma relação, seus esgarçamentos e suas reconstituições. De modo geral, os regimes de acumulação e os modos de regulação não variam no que tange à manutenção da forma de circulação, da forma de sujeito de direito e da apropriação privada garantida por meio estatal. As variações acumulatórias e regulatórias, portanto, estão no modo, nos fins e na quantidade de direitos e propriedades, nos arranjos da exploração do trabalho assalariado e nos meios de circulação.

Além das múltiplas relações internas a cada Estado, que ensejam variadas estruturas sociais de acumulação e regulação, o capitalismo se confronta, necessariamente, com um sistema econômico e político que é internacional. A concorrência se estabelece, assim, nos planos interno e externo. Sociedades se relacionam a partir de múltiplos estágios de formação social, economias se anelam com relações hierárquicas entre si, frações de classes burguesas nacionais e internacionais arranjam-se de modos variáveis. Daí, as teorias da regulação devem também ter em linha de conta a dinâmica espacial dos capitais e da política no sistema internacional. A estabilidade dos regimes de acumulação e dos modos de regulação passa por específicos arranjos na sociabilidade interna e, também, pela sua determinação mundial.

Se a regulação do capitalismo se faz no seio de formas incontornáveis, sendo o Estado uma delas, os contemporâneos discursos de rebaixamento da importância da política carecem de fundamento. O neoliberalismo não é uma retirada do Estado da economia, mas um específico modo de *presença* do Estado na economia.

5.3. Estado, fordismo e pós-fordismo

A sociabilidade capitalista é estruturada na instabilidade de um modo de produção exploratório, fundado em antagonismo de classes e na pluralidade de interesses de agentes individuais da troca. No seu seio, específicas épocas históricas de estabilidade permitem encontrar – dentre tantas crises, singularidades e variações – algumas etapas com padrões econômicos e políticos comuns, que desnudam fases de estabilidade parcial da reprodução social.

Nas teorias da regulação, delineia-se a compreensão de um período específico do capitalismo do século XX sob a alcunha de *fordismo*. Por tal fase identifica-se o período entre o pós-Segunda Guerra Mundial e as crises da década de 1970. Algumas de suas características econômicas básicas remontam a período anterior, mas o completo estabelecimento de seu sistema de funcionamento se dá justamente no rescaldo da Segunda Guerra Mundial. O taylorismo é uma de suas premissas fundamentais. Tal modo de organização da produção se arraigou no início do século XX, em especial nos Estados Unidos, e o modelo da indústria automobilística – a Ford por exemplo – é símbolo de sua implantação. O taylorismo submete a produção na fábrica a uma progressiva divisão de tarefas, implantando mecanismos universalizantes para um trabalho cada vez mais indiferenciado. A experiência prévia e a qualificação intrínseca dos trabalhadores tornam-se tendencialmente menos necessárias a uma linha de produção na qual as atividades de trabalho são previamente estabelecidas e o controle intensificado.

Nos Estados Unidos, padrões de organização da produção tayloristas vão se implantando já na virada do século XIX para o século XX. No entanto, o fordismo, como modo próprio de sistematização econômica capitalista, é uma fase que se concretiza apenas posteriormente. A crise econômica de 1929 revela seus descompassos: um sistema produtivo taylorista já bastante racionalizado e indiferente nas relações de trabalho, mas desacompanhado de um modo de regulação que estabelecesse um circuito universal de consumo e uma ativação da produção a partir da massa salarial. É depois de tal período de crise econômica que, nos Estados Unidos, as políticas econômicas se voltam à consolidação de um regime capitalista de massa. Por meio de políticas destacadamente intervencionistas, a economia dos Estados Unidos estabelece então, numa base taylorista de produção em série de objetos de consumo estandartizados – como o automóvel –, arranjos sociais que expandem o mercado de trabalho e de consumo. As relações de tipo capitalista passam a penetrar em amplas regiões do tecido social, desconstituindo formas tradicionais de trabalho, de consumo e mesmo de vida. O padrão mercantil alcança exponenciada sistematicidade no todo social.

O regime fordista se assenta numa ampla coesão social e política interna, forjando mecanismos de negociação coletivos. Sindicatos, entidades empresariais, organizações de seguridade social e, em especial, o Estado são os agentes principais dessa dinâmica política e econômica. Além disso, o fordismo se implanta como uma nova estruturação da própria vida social. Formas costumeiras de vida são rapidamente transformadas, nichos sociais e econômicos pré-capitalistas ou na borda do sistema são alterados e inseridos no mercado de trabalho assalariado e de consumo. Mesmo o núcleo familiar passa a ser, a partir daí, uma unidade de trabalho e consumo. No plano ideológico, o fordismo estabelece uma crença no progresso dentro do próprio capitalismo, na expectativa de que, por meio da intervenção estatal, as crises e contradições do capital se apaziguassem e as classes trabalhadoras pudessem, crescentemente, galgar melhorias em sua condição econômica.

Contribuiu para o cimento ideológico do fordismo a mirada da experiência dos países de influência soviética. As lutas socialistas no mundo e posteriormente a Guerra Fria pressionam os modos de regulação tipicamente fordistas a fomentar uma unidade maior das classes trabalhadoras ao capital. As empresas, as entidades de classe e sindicais, os clubes de serviço, as igrejas, os meios de comunicação de massa e os Estados buscarão consolidar uma ideologia comum de superioridade do capitalismo sobre o socialismo, o que se soma ao resultado massivo de aumento na condição salarial, no oferecimento de rede de bem-estar social e no consumo.

O fordismo se revela, nas décadas intermediárias do século XX, um modelo econômico de dinâmica mundial. O seu principal motor, os Estados Unidos, no saldo positivo de maior potência econômica, política e militar do pós-guerra, organiza-se internamente num complexo de relações orientado para tal sistema industrial-consumerista de valorização do valor. Mas, para tanto, confluem diretamente o sistema financeiro, o aparato militar e a crescente hegemonia internacional. As instituições políticas internacionais, ao fim da Segunda Guerra Mundial, são insculpidas pelo poder estadunidense e capturadas pela dinâmica da lógica econômica fordista. A crescente interdependência das economias capitalistas mundiais em face dos Estados Unidos faz com que o fordismo se imponha como sistema em escala internacional.

Dadas as dinâmicas nacionais, há variadas experiências fordistas no século XX. Os Estados Unidos, como centro do capital mundial, expandem suas formas econômicas, políticas, sociais e culturais básicas a todo o mundo capitalista. Internamente, por meio de grandes grupos empresariais em concorrência e mediante um consumo de massa, o modelo norte-americano é de menos intervenção para uma rede de criação de bem-estar social que a experiência europeia. De outro lado, os arranjos voltados à indústria militar são muito mais controlados politicamente nos Estados Unidos que na Europa. Na periferia do sistema capitalista, ainda se verificam experiências de crescimento retardatário com razoável grau de sucesso e inserção no mercado internacional, como no caso de algumas economias asiáticas – a mais notável, o Japão – e, de outro lado, economias que não conseguiram alcançar tal patamar de inserção superior – como no caso da América Latina. Para muitas outras regiões do globo, como a África, o sistema fordista mundial resultou na perpetuação da sua condição na divisão internacional do trabalho, exportando matérias-primas.

Apesar de sua base comum e seus arranjos básicos que se tornam interdependentes no sistema mundial, os fordismos são experiências relativamente singulares a cada Estado, dado que demandam, para o estabelecimento de seus regimes de acumulação, justamente um determinado arranjo interno de coesão nos planos político e social. As múltiplas contradições, lutas de classe, hegemonias de valores e crises internas faz com que o fordismo então seja compreendido tanto como um sistema geral do capitalismo mundial quanto como uma experiência de cada Estado.

Pelas teorias regulacionistas, que periodizam e sistematizam a economia política das fases do capitalismo, como propõe, dentre outros, Robert Boyer, pode-se denominar modo de desenvolvimento a determinada época estável na combinação entre regime de acumulação e modo de regulação. A assim considerar o fordismo, ele há de ser reconhecido tanto a partir de características próprias de acumulação – trata-se de acumulação intensiva, com produção e consumo de massa, alavancando-se em avanço tecnológico, buscando estabilidade do crescimento, com controle monetário e cambial, com empreendedorismo do Estado para a construção de infraestrutura à atividade econômica e com criação de rede de proteção social – como por um particular modo de regulação. No que tange às formalizações institucionais, que constituem o cerne da regulação, é no Estado que se revela o peso fundamental para a constituição de tal modo de desenvolvimento.

O Estado assume, no fordismo, proeminências ainda maiores que aquelas havidas nas fases anteriores do capitalismo. Como a organização social não mais se constitui na concorrência aberta entre indivíduos, trabalhadores e capitalistas, mas, sim, numa complexa organização de entidades, grupos, sindicatos e Estados, então se costuma denominar tal fase por capitalismo monopolista. Trata-se de uma regulação administrada de modo fulcral pelo Estado. No campo salarial, com base nos preços ao consumidor, estabelece-se uma indexação do salário nominal. Ao mesmo tempo, a cobertura dos elementos de bem-estar social passa a ser objeto de controle e promoção por parte do Estado – seguridade social, saúde, educação, habitação etc. A geografia das manifestações da forma política estatal se expande. Com o fordismo, verifica-se um aumento quantitativo, mas também uma específica organização qualitativa do Estado: não apenas o campo estatal se estende por múltiplos setores, mas a própria organização econômica, política e social passa a ter no Estado o núcleo central de sua irradiação. Se nas fases anteriores ao fordismo a concorrência entre particulares se estabelecia como padrão, anelando-se à forma estatal como corolário necessário mas mantendo diferenças entre si, no fordismo há um entrelaçamento do capital e do Estado, esparramando-se ambos no todo social. O keynesianismo, corolário de uma ação estratégica político-econômica do fordismo, baseado na proeminência estatal e social na orientação do processo de acumulação, espraiou-se, embora com variantes extremas, de modo mundial.

As condições que resultam no modo de desenvolvimento fordista, no entanto, se alteram substancialmente a partir dos anos 1970. Desde o início dessa década, as condições de reprodução do padrão social fordista entram em crise, perdendo seu impulso. Não se trata de um abalo produzido por um evento-símbolo ou por apenas um eixo de condições econômicas ou ações políticas, mas por uma série de dinâmicas estruturais que perfizeram específicas combinações sociais, exponenciando as contradições do tipo de capitalismo fordista.

No plano das estruturas econômicas, a década de 1970 verificou uma tendência múltipla de diminuição da taxa de lucros nas atividades capitalistas. O modelo fordista apresentava uma crise na sua própria dinâmica estrutural. Com uma presença estatal relativamente grande, a economia fordista dependia de uma série de mecanismos de fomento ao investimento, distribuição de renda, controle salarial e formação de infraestrutura. Tais regulações estatais impunham taxas de lucro cada vez menores ao capital. Ao romper com as amarras de certa forma de coesão econômica e social a partir do Estado, a economia da década de 1970 esgarçava também as estruturas nas quais o fordismo se assentou. A existência de um mercado consumidor de massas, garantido por uma base salarial politicamente assegurada, era um corolário de um regime de acumulação que encontrava no crescimento econômico e em determinados níveis de bem-estar social um padrão suficiente para sua reprodução.

O papel dos Estados Unidos é crucial na desestabilização do regime fordista. A ruptura do padrão ouro-dólar representa um destravamento que engendra uma nova fase na acumulação, agora ainda mais majoritariamente calcada nas finanças. A nova dinâmica do dólar desestabiliza o sistema financeiro internacional, gerando especulação nas taxas de câmbio, dinâmica desenfreada do crédito monetário, inflação e estagnação produtiva ("estagflação"). A inversão produtiva cede lugar à lucratividade financeira. O papel cada vez mais proeminente de empresas multinacionais submete a lógica da produção à máxima exploração de possibilidades de lucro, desatrelando a produção e o investimento de padrões regulatórios que fossem promotores do crescimento econômico ou mantenedores das condições salariais e de consumo suficientes. A regulação fordista entra, pois, em crise estrutural.

As condições sociais de hegemonia do fordismo também são postas em crise. A previsibilidade da vida sob produção regulada dá lugar a condições existenciais de maior fragilidade econômica aos indivíduos, submetidos a uma concorrência nas condições de trabalho mais exacerbada. A política estatal, em graus variáveis conforme os países, é capturada pelas ações em prol da facilitação da entrada de capitais financeiros. O planejamento de tipo fordista cede lugar a políticas neoliberais de redução da taxação dos fluxos especulativos. Os Estados nacionais apresentam dificuldades crescentes em sustentar uma reprodução econômica de bem-estar social, investimento em infraestrutura e promoção do crescimento da produção e do consumo e da massa salarial geral.

O neoliberalismo é a manifestação de um modo de regulação que, a partir da década de 1980, começa a tomar forma, acompanhando também um específico regime de acumulação, massivamente de capitais financeiros internacionalizados. A globalização, tomada como fenômeno causal, é insuficiente como explicação de tal dinâmica. O capitalismo desde sempre é globalizado. Condições estruturais, de acumulação e regulação, nacionais e internacionais, é que geram um novo padrão de desenvolvimento capitalista, o *pós-fordismo*.

O pós-fordismo se revela como resultante de uma crise intrínseca ao fordismo e também como o resultado de uma série de políticas supervenientes de transformação das condições sociais e econômicas do capitalismo, a partir da década de 1980. Se por um lado o fordismo tornou patente uma aguda manifestação da lei da queda tendencial da taxa de lucro – conforme um processo que Marx já apontava –, a solução de sua crise não é apenas um processo econômico passivo de respostas. Em se tratando de um modelo resultante do encontro de variadas condições estruturais e relações de lutas sociais, o pós-fordismo é menos um padrão de inexorabilidade da lógica intrínseca do capital – não é um devir necessário do fordismo – e mais o resultado de construções sociais que nessa lógica se movimentaram. Desde os primeiros governos neoliberais no centro do poder econômico capitalista, na Inglaterra e nos Estados Unidos, há um constrangimento global e sistemático das condições de bem-estar social e das políticas de tipo keynesiano. Em termos geopolíticos, a crise do petróleo, a retomada da concorrência armamentista contra o mundo soviético e a posterior dissolução do bloco de tais economias deram condições a um reposicionamento dos Estados Unidos como superpotência mundial. O capital internacional encontra no incontrastável poder militar estadunidense a garantia de sua contínua reprodução, mesmo contra eventuais políticas nacionalistas de resistência. Se a guerra, o armamentismo e a violência passam a ser o padrão político de organização das sociedades, em desfavor das políticas de bem-estar social, o neoliberalismo encontra na crescente demanda por liberalização financeira e dos mercados sua bandeira de política econômica.

O capital se reproduz, nas condições pós-fordistas, a partir de fluxos maiores que os tradicionais relacionados à produção e ao consumo. Os investimentos, orientados pela especulação, carreiam volatilidades que estão para além da demanda efetiva: o excedente de capitais demanda um processo de novas aberturas de espaços de acumulação. Por todo o mundo, as privatizações são uma das novas fronteiras para o capital. Nesse processo, que não é apenas de compra de empresas públicas por privadas, mas, sim, de espoliação – modo de acumulação primitiva –, integram-se novos ambientes de valorização do valor, mediante uma presença ativa do Estado, que financia, subsidia e prepara institucional e economicamente a própria majoração dos espaços privados de acumulação.

No campo social, a precarização das condições de trabalho faz com que, sucedendo ao modelo de regulação de segurança social, sejam vistas tendências hiperindividualistas, atrelando a abundância do crédito e o consumismo de novas tecnologias à repressão às políticas e culturas discordantes. Se os capitais financeiros ultrapassam barreiras nacionais, a exploração da força de trabalho continua adstrita ao mercado nacional. A xenofobia e o controle político da imigração são majorados. No campo das lutas políticas, dos movimentos sociais e sindicais, as ações de esquerda são enfraquecidas. Uma hegemonia conservadora caracteristicamente capitalista se torna ainda mais plena quando as referências ideológicas do campo soviético desmoronam definitivamente. O capitalismo assume um imaginário de possibilidade única à sociabilidade humana, chegando-se a decretar o fim de uma história divergente a esse padrão.

No que tange ao processo de estabelecimento de condições de acumulação e regulação pós-fordistas, trata-se de um processo contraditório e dinâmico, na medida em que o neoliberalismo atinge economias de todo o mundo que se apresentam em níveis distintos de desenvolvimento e, além disso, revelam específicos patamares das lutas de classe e distintas consolidações políticas institucionais e ideológicas. A hegemonia dos Estados Unidos varia relativamente a fatores como a dissolução do bloco soviético, o fortalecimento do peso econômico da China ou as guerras promovidas. Os países da periferia do capitalismo experimentam sorte ainda mais atroz que aquela dos países centrais, na medida em que o suporte prévio de bem-estar social para suas populações, quando da entrada no neoliberalismo, é muito pequeno ou mesmo nulo. Ao mesmo tempo, alguns países ditos emergentes revelam ainda margens de manobra de políticas fordistas, de crescimento econômico baseado na produção, no consumo de massa e no aumento relativo da base salarial interna. Se no fordismo os Estados capitalistas centrais apresentam padrões relativamente iguais de regulação e de entrelaçamento à dinâmica de acumulação do capital, no modelo de desenvolvimento pós-fordista, no entanto, o peso, a função e o impacto dos Estados são sobremaneira variáveis. Se é possível compreender e nomear a dinâmica que se sucede ao fordismo como um padrão pós-fordista, este não se estabilizou num regime de contornos políticos gerais totalmente coesos, muito menos coerentes em uma lógica intrínseca. O seu altíssimo grau de portabilidade de crise e de destruição de laços políticos e sociais faz com que a coordenação de políticas revele até mesmo um padrão geral de imposição internacional do capital, mas respostas nacionais múltiplas.

De modo algum o modelo pós-fordista pode ser compreendido como um alheamento do Estado diante da economia, representando um triunfo mortal desta sobre aquele. O neoliberalismo não é uma política dos capitais contra os Estados, é uma política dos capitais passando pelos Estados. Os graus de liberalização são empreendidos por meio de políticas econômicas estatais. O favorecimento aos capitais especulativos em desfavor do planejamento da produção é uma política constante e sistemática dos Estados nacionais, num tenso concerto de movimentação internacional dos capitais. Mesmo a troca da regulação de bem-estar social pela regulação de repressão à criminalidade da pobreza não é uma retirada do Estado do cenário econômico, político, social e cultural de hegemonia, mas, sim, é uma presença massiva da forma política estatal, variando no caso os meios e os horizontes de sua atuação.

O neoliberalismo não é a abolição da forma política estatal, mas, antes, a sua exponenciação. A mercadoria atinge, no modo de desenvolvimento pós-fordista, instâncias maiores que aquelas nas quais atuava no modelo fordista. A natureza é capturada como mercadoria em limites ainda mais amplos, por meio da exploração de novas tecnologias, desde a eletrônica até a biologia e a genética. Dada a ampliação dos espaços da forma-mercadoria, dá-se também a majoração tanto da forma jurídica quanto da forma política. Os materiais genéticos e biotecnológicos são patenteados, exigindo novas ferramentas jurídicas em seu apoio. No campo político, novas redes de proteção à propriedade privada nos planos nacional e internacional demandam um reforço na coordenação entre os Estados e na ação de garantia de tal grau novo de mercantilização da natureza, da vida, do saber e da tecnologia.

A dinâmica internacional do capital, da mercadoria e das finanças faz com que o papel de regulação insular da política e do direito nacionais seja abandonado em favor de uma regulação constrangida por padrões internacionais, fragilizando alguns potenciais políticos divergentes daqueles pautados pelo capital global. No entanto, a ampla circulação mundial do capital e o enfraquecimento relativo da regulação insular dos Estados não representa a derrocada da relação entre forma-mercadoria, forma política e forma jurídica, cujos vínculos são necessários em todas as dinâmicas capitalistas, tampouco logra apagar as marcas e os impactos da contradição social ou da luta de classes. O pós-fordismo não é a reprodução econômica capitalista pelas costas dos Estados nacionais, mas, sim, um específico arranjo do capital permeado necessariamente pela forma política estatal.

5.4. Estado e crise

As crises do capitalismo não são excepcionais a esse modo de produção, mas sim suas características estruturais. Num regime de exploração, constituído de múltiplos agentes na produção e na troca, enraizado em desigualdades reais e em lutas de classes e grupos, permeado por formas sociais e instituições necessárias e relativamente estranhas ao interesse imediato dos próprios agentes, as contradições são múltiplas, tanto no plano econômico quanto no plano político. O Estado tem papel fundamental na constituição das crises, na medida em que é forma necessária desse modelo de reprodução social.

No seio da dinâmica capitalista, os períodos de estabilidade se revelam apenas como consolidações parciais da reprodução social. Os variados regimes de acumulação capitalistas não logram, por motor próprio, uma reprodução infinita nos seus próprios termos. Uma lei de queda tendencial da taxa de lucro leva a ação econômica – se hipoteticamente fosse tomada sem contratendências, o que não é o caso no seu efetivo arraigar histórico – a um contínuo perecimento de suas bases. Os regimes de acumulação, no entanto, se estabelecem entrecruzados com modos de regulação que procedem à sua sustentação, reforma, constrangimento, modificação ou solapamento. Também os modos de regulação não são dotados de estabilidade ou de planejamento para além das suas condicionantes ou contingências, de tal sorte que não há um acoplamento perfeito entre o regime de acumulação e a rede institucional que lhe possa servir de esteio.

Se os regimes de acumulação seguem uma tendência ao seu constrangimento econômico, os modos de regulação se assentam sobre uma multiplicidade de interesses, forças e relações sociais. As crises no capitalismo podem se revelar tanto na dinâmica econômica – crise de acumulação – quanto na consecução institucional da sociedade – crise de regulação. Pelo acoplamento imperfeito entre economia e política, as crises parciais procedem a abalos que são reabsorvidos posteriormente, ensejando novos níveis de articulação sociais. Por sua vez, crises estruturais são aquelas que comprometem a própria reprodução econômica geral do capitalismo. Elas não só envolvem descontinuidades no regime de acumulação e insuficiências nos modos de regulação, mas também contradições profundas entre acumulação e regulação, de tal sorte que não haja dinâmica econômica que carreie transformações políticas, institucionais e sociais tampouco peso estatal e social suficiente para alterar o modelo econômico.

O padrão de análise da dinâmica do capitalismo deve ser pautado na crise como seu corolário necessário, compreendendo as eventuais estabilidades como excepcionais. A valorização do valor se desenvolve num processo submetido à lei da queda tendencial da taxa de lucro. As respostas políticas sustentam estabilizações parciais, mas que não logram a manutenção indefinida dos regimes de acumulação. Referenciadas pelas crises, as fases de contínua reprodução segundo a mesma estrutura de acumulação e regulação foram chamadas de ciclos econômicos por teorias econômicas marxistas desde o começo do século XX. A mudança de ciclos compreende os esgarçamentos dos modelos de acumulação e regulação como fases nas quais despontam as crises estruturais no padrão de reprodução capitalista.

As crises no capitalismo revelam as contradições entre a rentabilidade do capital, as lutas de classes e os arranjos políticos que solidificam parcialmente as expectativas sociais. Se crises menores revelam descompassos que demandam retificações parciais, as grandes crises ensejam alterações estruturais na dinâmica econômica e social. No entanto, a crise se apresenta sempre no seio de estruturas sociais já previamente consolidadas. Os padrões de estabilização de antigas relações de tensão geram modos de agir, procedimentos, valores, desejos e expectativas que perfazem reiterações de formas e práticas nos campos econômico, político e social. Quase sempre em função de tais estabilizações prévias que se dá a reação à crise. A dinâmica política e social da crise a ela responde, na maioria das vezes, com base em relações e estratégias passadas, e não futuras. Não há uma alta capacidade de previsão e de antecipação de modelos na constituição do tecido social capitalista. Por meio de contradições múltiplas, encontros, circunstâncias e eventualidades, as crises se sucedem por novas fases de estabilização. Dada sua constituição formal em face dos antagonismos da sociedade capitalista, tampouco o Estado tem pré-ciência ou domínio estrutural de tais relações. Quase sempre a economia e a política reagem em busca da manutenção – com alterações reformistas – do modelo no qual a própria crise foi gestada. O poder do capital cresce e se renova em momentos de crise capitalista justamente pela fraqueza geral e sistemática dos demais agentes sociais e, também, pelo caráter quase sempre reativo ou meramente reformista das instituições políticas.

Como elemento fundamental da reprodução da dinâmica capitalista, o Estado é menos um meio de salvação social do que, propriamente, um dos elos da própria crise. Por ele passa a crise remediada, majorada ou reelaborada. A forma política altera circunstâncias econômicas e sociais que, se ensejam novas articulações, quase sempre são parciais, mantendo as bases gerais da valorização do valor. O mesmo se dá com a forma jurídica. Por mais variáveis que sejam os remédios jurídicos tomados em situações de crise do capital – de eventuais expropriações a aumento ou extinção de direitos sociais –, a alteração dos institutos jurídicos não chega à ruptura da forma jurídica. O sujeito de direito continua sendo base para a reprodução social, garantindo assim o circuito mercantil e o capital.

As sociedades capitalistas, além de gerar sistemas de expectativas relacionais, constituem também subjetividades intrinsecamente mergulhadas na lógica da mercadoria. Geralmente as crises do capital não se apresentam aos indivíduos, grupos e classes como ocasião de superação do modo de produção, mas, sim, como fatos excepcionais e indesejáveis num modo de vida que por eles é presumido como estável ou mesmo "natural". Nesse sentido, as crises se desenvolvem no seio de estruturas ideológicas resistentes. Grandes crises abalam tais estruturas, mas em geral mantêm seu núcleo profundo: a subjetividade como mensuração social, o consumo, a apropriação de bens, a mercantilização do mundo. As mudanças de regime de acumulação e de modo de regulação se fazem dentro das bases gerais da própria reprodução capitalista. A crise abala e rearranja as formas. Somente em casos extremos na valorização do valor ou no embate social e nas lutas de classes as formas gerais do capitalismo são superadas. No capitalismo, o padrão das crises revela, quase sempre, suas contradições endógenas. Raramente a crise da reprodução capitalista advém de causas externas à própria dinâmica da acumulação e da regulação. Casos de revoluções contestadoras do modo de produção podem ser pensados como crises exógenas. Mas, em geral, mesmo os movimentos revolucionários estruturais partem de crises endógenas do capitalismo para então promover lutas de superação do modo de produção.

As múltiplas crises do modo de produção capitalista não permitem identificar uma mesma resposta política, tampouco um mesmo padrão de superação ou retomada econômica. Somente futuras dinâmicas que sejam necessariamente socialistas podem ensejar arranjos sociais inovadores, não fundados na concorrência e nos antagonismos de classes, grupos e indivíduos. O capitalismo é crise. Permeado pelas formas sociais, econômicas, políticas, jurídicas e ideológicas que lhe constituem estruturalmente, o desenvolvimento do capitalismo não pode transcender ao que porta – exploração e dominação. Preside o concerto da totalidade da sociabilidade capitalista uma longa e contraditória política da mercadoria.

REFERÊNCIAS BIBLIOGRÁFICAS

Aglietta (2004); Aglietta e Orléan (1990); Almeida Filho e Paulani (2011); Altvater (2010); Boyer (1990); Boyer (2011); Bonefeld e Holloway (1991); Braga (2003); Brunhoff (1985); Brunhoff (1991); Brunhoff et al. (2010); Caldas (2015); Faria (2011); Harvey (2004); Harvey (2011); Hirsch (2007); Hirsch (2010); Jappe (2006); Jessop e Sum (2006); Lipietz (1988); Marx (2008); Mollo (2001); Offe (1984); Postone (2008); Poulantzas (1977); Prado (2005); Sader e Gentili (2009); Thwaites Rey (2007).

Bibliografia

AGLIETTA, Michel. *Macroeconomia financeira*. São Paulo, Loyola, 2004, v. 1-2.
_____; ORLÉAN, André. *A violência da moeda*. São Paulo, Brasiliense, 1990.
ALMEIDA FILHO, Niemeyer; PAULANI, Leda Maria. Regulação social e acumulação por espoliação: reflexão sobre a essencialidade das teses da financeirização e da natureza do Estado na caracterização do capitalismo contemporâneo. In: *Economia e sociedade*. Campinas, v. 20, n. 2 (42), 2011.
ALTAMIRA, César. *Os marxismos do novo século*. Rio de Janeiro, Civilização Brasileira, 2008.
ALTHUSSER, Louis. *Aparelhos ideológicos de Estado*. Rio de Janeiro, Graal, 1985.
ALTVATER, Elmar. *O fim do capitalismo como o conhecemos*. Rio de Janeiro, Civilização Brasileira, 2010.
ALVES, Alaor Caffé. *Estado e ideologia. Aparência e realidade*. São Paulo, Brasiliense, 1987.
ANDERSON, Perry. *Considerações sobre o marxismo ocidental – Nas trilhas do materialismo histórico*. São Paulo, Boitempo, 2004a.
_____. *Linhagens do Estado absolutista*. São Paulo, Brasiliense, 2004b.
ARTOUS, Antoine. *Marx, l'État e la politique*. Paris, Syllepse, 1999.
BALIBAR, Étienne. *Cinco estudos do materialismo histórico*. Lisboa, Presença, 1975.
_____. *A filosofia de Marx*. Rio de Janeiro, Jorge Zahar, 1995.
BERCOVICI, Gilberto. *Soberania e Constituição*: para uma crítica do constitucionalismo. São Paulo, Quartier Latin, 2008.
BOITO JR., Armando. *Estado, política e classes sociais*. São Paulo, Editora da Unesp, 2007.
BONEFELD, Werner. El Estado y el capital: sobre la crítica de lo político. In: BONNET, Abierto; HOLLOWAY, John; TISCHLER, Sergio (orgs.). *Marxismo abierto. Una visión europea y latinoamericana, v. 1*. Buenos Aires, Herramienta, 2005.
_____; HOLLOWAY, John. *Post-Fordism and Social Form. A Marxist Debate on the Post-Fordist State. Londres*, Macmillan, 1991.

BORON, Atilio A. *Império & imperialismo*: uma leitura crítica de Michael Hardt e Antonio Negri. Buenos Aires, Clacso, 2002.
BOYER, Robert. *A teoria da regulação*. Uma análise crítica. São Paulo, Nobel, 1990.
_____. *Teoria da regulação*. Os fundamentos. São Paulo, Estação Liberdade, 2009.
BRAGA, Ruy. *A nostalgia do fordismo*. Modernização e crise na teoria da sociedade. São Paulo, Xamã, 2003.
BRUNHOFF, Suzanne de. *Estado e capital*: uma análise da política econômica. Rio de Janeiro, Forense Universitária, 1985.
_____. *A hora do mercado*: crítica do liberalismo. São Paulo, Editora da Unesp, 1991.
_____. et al. *A finança capitalista*. São Paulo, Alameda, 2010.
CALDAS, Camilo Onoda Luiz. *Teoria da derivação do Estado e do direito*. São Paulo, Dobra/Outras Expressões, 2015.
CARNOY, Martin. *Estado e teoria política*. Campinas, Papirus, 1990.
CLARKE, Simon (org.). *The State Debate*. Londres, Palgrave Macmillan, 1991.
CODATO, Adriano; PERISSINOTO, Renato. *Marxismo como ciência social*. Curitiba, Editora da UFPR, 2011.
DALLARI, Dalmo de Abreu. *Elemento de teoria geral do Estado*. São Paulo, Saraiva, 2013.
ELBE, Ingo. *Marx im Westen*: Die neue Marx-Lektüre in der Bundesrepublik seit 1965. Berlim, Akademie, 2010.
ENGELS, Friedrich. A origem da família, da propriedade privada e do Estado. In: _____; MARX, Karl. *Obras escolhidas*. São Paulo, Alfa-Ômega, s.d., v. 3.
_____. *Anti-Dühring*. Rio de Janeiro, Paz e Terra, 1990.
FARIA, José Eduardo. *O Estado e o direito depois da crise*. São Paulo, Saraiva, 2011.
FOUCAULT, Michel. *Microfísica do poder*. Rio de Janeiro, Graal, 1996.
_____. *A verdade e as formas jurídicas*. Rio de Janeiro, NAU, 2005.
GERSTENBERGER, Heide. *Impersonal Power*: History and Theory of the Bougeois State. Leiden, Brill, 2007.
GRAMSCI, Antonio. *Cadernos do cárcere*. Rio de Janeiro, Civilização Brasileira, 2000, v. 2-3.
HARDT, Michael; NEGRI, Antonio. *Império*. Rio de Janeiro, Record, 2001.
_____. *Multidão*. Guerra e democracia na era do Império. Rio de Janeiro, Record, 2005.
HARVEY, David. *O novo imperialismo*. São Paulo, Loyola, 2004.
_____. *O enigma do capital* – e as crises do capitalismo. São Paulo, Boitempo, 2011.
HELLER, Hermann. *Teoria do Estado*. São Paulo, Mestre Jou, 1968.
HIRATA, Helena. O Estado como abstração real?. *Estudos Cebrap*. São Paulo, Cebrap, n. 26, 1980.
HIRSCH, Joachim. O problema da dedução da forma e da função do estado burguês. In: REICHELT, Helmut et al. *A teoria do Estado*. Materiais para a reconstrução da teoria marxista do Estado. Rio de Janeiro, Tempo Brasileiro, 1990.
_____. Forma política, instituições políticas e Estado – I e II. *Crítica marxista*. Rio de Janeiro, Revan, v. 24-5, 2007.
_____. *Teoria materialista do Estado*. Rio de Janeiro, Revan, 2010.

HOBSBAWM, Eric. *A questão do nacionalismo*: nações e nacionalismo desde 1780. Lisboa, Terramar, 1998.
HOLLOWAY, John. *Mudar o mundo sem tomar o poder*. São Paulo, Viramundo, 2003.
_____. Crisis, fetichismo y composición de clase. In: BONNET, Alberto; HOLLOWAY, John; TISCHLER, Sergio (orgs.). *Marxismo abierto*. Una visión europea y latinoamericana. Buenos Aires, Herramienta, 2007, v. 2.
_____; PICCIOTTO, Sol (orgs.). *State and Capital*. A Marxist Debate. Austin, University of Texas Press, 1979.
JAPPE, Anselm. *As aventuras da mercadoria*. Para uma nova crítica do valor. Lisboa, Antígona, 2006.
JELLINEK, Georg. *Teoria general del Estado*. Montevidéu, B de F, 2005.
JESSOP, Bob. *State Theory*: Putting the Capitalist State in Its Place. Cambridge, Polity Press, 1996.
_____. States, State Power, and State Theory. In: BIDET, Jacques; KOUVELACKIS, Stathis (orgs.). *Critical Companion to Contemporary Marxism*. Leiden, Brill, 2008.
_____. SUM, Ngai-Ling. *Beyond the Regulation Approach*: Putting Capitalist Economies in Their Place. Cheltenham, Edward Elgar, 2006.
KELSEN, Hans. *Teoria geral do direito e do Estado*. São Paulo, Martins Fontes, 1995.
LACLAU, Ernesto. *Política e ideologia na teoria marxista*. Rio de Janeiro, Paz e Terra, 1978.
LENIN, Vladimir Ilitch. O imperialismo, fase superior do capitalismo. In: _____. *Obras escolhidas*. São Paulo, Alfa-Ômega, 1986, v. 1.
_____. O Estado e a Revolução. In: _____. *Obras escolhidas*. São Paulo, Alfa-Ômega, 1988, v. 2.
LIPIETZ, Alain. *Miragens e milagres*: problemas da industrialização no terceiro mundo. São Paulo, Nobel, 1988.
MARX, Karl. *O capital*. Livro III. Rio de Janeiro, Civilização Brasileira, 2008, v. 4, 5, 6.
_____. *A guerra civil na França*. São Paulo, Boitempo, 2011a.
_____. *A ideologia alemã*. São Paulo, Boitempo, 2011b.
_____. *O 18 de Brumário de Luís Bonaparte*. São Paulo, Boitempo, 2011c.
_____. *O capital*. Livro I. São Paulo, Boitempo, 2013.
MASCARO, Alysson Leandro. *Filosofia do direito*. São Paulo, Atlas, 2012.
_____. *Introdução ao estudo do direito*. São Paulo, Atlas, 2013.
MIÉVILLE, China. *Between Equal Rights*: a Marxist Theory of International Law. Londres, Pluto Press, 2006.
MOLLO, Maria de Lourdes Rollemberg. A concepção marxista de Estado: considerações sobre antigos debates com novas perspectivas. *Economia*. Campinas, Anpec, v. 2, n. 2, 2001.
MOUFFE, Chantal. *O regresso do político*. Lisboa, Gradiva, 1996.
NAVES, Márcio Bilharinho. *Marxismo e direito*. Um estudo sobre Pachukanis. São Paulo, Boitempo, 2000.
_____. *Marx*: ciência e revolução. São Paulo, Quartier Latin, 2008.

_____. A democracia e seu não lugar. *Idéias*. Campinas, IFCH/Unicamp, nova série, n. 1, 2010.

OFFE, Claus. Dominação política e estruturas de classes: contribuição à análise dos sistemas sociais do capitalismo tardio. In: VOGT, Winfred et al. *Estado e capitalismo*. Rio de Janeiro, Tempo Brasileiro, 1980.

_____. *Problemas estruturais do Estado capitalista*. Rio de Janeiro, Tempo Brasileiro, 1984.

OSORIO, Jaime. *El Estado en el centro de la mundialización. La sociedad civil y el asunto del poder*. México, Fondo de Cultura Económica, 2004.

PACHUKANIS, Evgeni Bronislávovich. *Teoria geral do direito e marxismo*. São Paulo, Acadêmica, 1988.

POSTONE, Moishe. Teorizando o mundo contemporâneo. Robert Brenner, Giovanni Arrighi, David Harvey. *Novos Estudos*, São Paulo, Cebrap, n. 81, 2008.

POULANTZAS, Nicos. *Poder político e classes sociais*. Porto, Portucalense, 1971.

_____. *As classes sociais no capitalismo de hoje*. Rio de Janeiro, Zahar, 1975.

_____ (org.). *O Estado em crise*. Rio de Janeiro, Graal, 1977.

_____. *O Estado, o poder, o socialismo*. Rio de Janeiro, Graal, 2000.

PRADO, Eleutério. *Desmedida do valor*. Crítica da pós-grande indústria. São Paulo, Xamã, 2005.

RUBIN, Isaak Illich. *A teoria marxista do valor*. São Paulo, Brasiliense, 1980.

SAAD FILHO, Alfredo. *O valor de Marx*. Economia política para o capitalismo contemporâneo. Campinas, Editora da Unicamp, 2011.

SADER, Emir. *Estado e política em Marx*. São Paulo, Boitempo, 2014.

_____; GENTILI, Pablo (orgs.). *Pós-neoliberalismo II*: que Estado para que democracia? Petrópolis, Vozes, 2009.

SAES, Décio. *Estado e democracia*: ensaios teóricos. Campinas, Editora do IFCH/Unicamp, 1998.

SALAMA, Pierre. Estado e capital: O Estado capitalista como abstração real. *Estudos Cebrap*, São Paulo, Cebrap, n. 26, 1980.

SAMPEDRO, Francisco. A teoria da ideologia de Althusser. In: NAVES, Márcio Bilharinho (org.). *Presença de Althusser*. Campinas, Editora do IFCH/Unicamp, 2010.

SANTOS, Milton. *Técnica, espaço, tempo*. São Paulo, Edusp, 2008.

SCHMITT, Carl. *Teologia política*. Belo Horizonte, Del Rey, 2006.

THWAITES REY, Mabel. *La autonomia como búsqueda, el Estado como contradicción*. Buenos Aires, Prometeo, 2004.

_____ (org.). *Estado y marxismo*. Un siglo y medio de debates. Buenos Aires, Prometeo, 2007.

TOSEL, André. Les critiques de la politique chez Marx. In: BALIBAR, Étienne; LUPORINI, Cesare; TOSEL, André. *Marx et sa critique de la politique*. Paris, Maspero, 1979.

WOOD, Ellen Meiksins. *A origem do capitalismo*. Rio de Janeiro, Jorge Zahar, 2001.

_____. *Democracia contra capitalismo*: a renovação do materialismo histórico. São Paulo, Boitempo, 2003.

ŽIŽEK, Slavoj. *Em defesa das causas perdidas*. São Paulo, Boitempo, 2011.

_____. *Vivendo no fim dos tempos*. São Paulo, Boitempo, 2012.

OUTRAS PUBLICAÇÕES DA BOITEMPO

Como a China escapou da terapia de choque
Isabella Weber
Tradução de Diogo Fagundes
Revisão técnica e orelha de Elias Jabbour

Junho de 2013: a rebelião fantasma
Breno Altman e Maria Carlotto (org.)
Textos de Camila Rocha, Jones Manoel, Lucas Monteiro, Maikon Nery, Mateus Mendes, Paula Nunes, Raquel Rolnik e Roberto Andrés e Vladimir Safatle
Prólogo de Dilma Roussef
Orelha de Isabela Kalil
Fotos de Maikon Nery
Apoio de Fundação Friedrich Ebert

Imperialismo e questão europeia
Domenico Losurdo
Tradução de Sandor José Ney Rezende
Organização e introdução de Emiliano Alessandroni
Posfácio de Stefano G. Azzarà
Revisão técnica e orelha de Rita Coitinho

Marx, esse desconhecido
Michael Löwy
Tradução de Fabio Mascaro Querido
Orelha de Valerio Arcary

Che Guevara e a luta revolucionária na Bolívia
Luiz Bernardo Pericás
Orelha de Michael Löwy
Quarta capa de Werner Altmann e Osvaldo Coggiola

ARSENAL LÊNIN

Conselho editorial Antonio Carlos Mazzeo, Antonio Rago, Augusto Buonicore, Ivana Jinkings, Marcos Del Roio, Marly Vianna, Milton Pinheiro e Slavoj Žižek

Imperialismo, estágio superior do capitalismo
Vladímir Ilitch Lênin
Tradução de Edições Avante! e Paula Vaz de Almeida
Prefácio de Marcelo Pereira Fernandes
Orelha de Edmilson Costa
Quarta capa de György Lukács, István Mészáros e João Quartim de Moraes

ESCRITOS GRAMSCIANOS
Conselho editorial: Alvaro Bianchi, Daniela Mussi, Gianni Fresu, Guido Liguori, Marcos del Roio e Virgínia Fontes

Os líderes e as massas
escritos de 1921 a 1926
ANTONIO GRAMSCI
Seleção e apresentação de **Gianni Fresu**
Tradução de **Carlos Nelson Coutinho e Rita Coitinho**
Leitura crítica de **Marcos del Roio**
Orelha e notas de rodapé de **Luciana Aliaga**

ESTADO DE SÍTIO
Coordenação: Paulo Arantes

Colonialismo digital
DEIVISON FAUSTINO E WALTER LIPPOLD
Prefácio de **Sérgio Amadeu da Silveira**
Orelha de **Tarcízio Silva**

MARX-ENGELS

Resumo de O capital
FRIEDRICH ENGELS
Tradução de **Nélio Schneider e Leila Escorsim Netto** (cartas)
Apresentação de **Lincoln Secco**
Orelha de **Janaína de Faria**

MUNDO DO TRABALHO
Coordenação: Ricardo Antunes
Conselho editorial: Graça Druck, Luci Praun, Marco Aurélio Santana, Murillo van der Laan, Ricardo Festi, Ruy Braga

A angústia do precariado
RUY BRAGA
Prefácio de **Sean Purdy**
Orelha de **Silvio Almeida**

Publicado em 2013, 170 anos após Marx escrever *Crítica da filosofia do direito de Hegel* – reeditada naquele ano pela Boitempo, com um novo prefácio, escrito por Alysson Leandro Mascaro –, este livro foi composto em Adobe Garamond, 11/13,2, e reimpresso em papel Pólen Natura 80 g/m² pela gráfica Rettec, para a Boitempo, em agosto de 2023, com tiragem de 1.500 exemplares.